ASPECTOS JURÍDICOS
DA INSEMINAÇÃO ARTIFICIAL
HETERÓLOGA

Eliane Oliveira Barros

Prefácio
Sergio Ferraz

ASPECTOS JURÍDICOS DA INSEMINAÇÃO ARTIFICIAL HETERÓLOGA

Belo Horizonte

2010

© 2010 Editora Fórum Ltda.

É proibida a reprodução total ou parcial desta obra, por qualquer meio eletrônico, inclusive por processos xerográficos, sem autorização expressa do Editor.

Conselho Editorial

Adilson Abreu Dallari
André Ramos Tavares
Carlos Ayres Britto
Carlos Mário da Silva Velloso
Carlos Pinto Coelho Motta
Cármen Lúcia Antunes Rocha
Clovis Beznos
Cristiana Fortini
Diogo de Figueiredo Moreira Neto
Egon Bockmann Moreira
Emerson Gabardo
Fabrício Motta
Fernando Rossi
Flávio Henrique Unes Pereira

Floriano de Azevedo Marques Neto
Gustavo Justino de Oliveira
Jorge Ulisses Jacoby Fernandes
José Nilo de Castro
Juarez Freitas
Lúcia Valle Figueiredo (*in memoriam*)
Luciano Ferraz
Lúcio Delfino
Márcio Cammarosano
Maria Sylvia Zanella Di Pietro
Oswaldo Othon de Pontes Saraiva Filho
Paulo Modesto
Romeu Felipe Bacellar Filho
Sérgio Guerra

Editora Fórum

Luís Cláudio Rodrigues Ferreira
Presidente e Editor

Coordenação editorial: Olga M. A. Sousa
Revisão: Adalberto Nunes Pereira Filho
Bibliotecário: Ricardo Neto – CRB 2752 – 6ª Região
Capa, projeto gráfico e formatação: Walter Santos

Av. Afonso Pena, 2770 – 15º/16º andares – Funcionários – CEP 30130-007
Belo Horizonte – Minas Gerais – Tel.: (31) 2121.4900 / 2121.4949
www.editoraforum.com.br – editoraforum@editoraforum.com.br

B277a   Barros, Eliane Oliveira

Aspectos jurídicos da inseminação artificial heteróloga / Eliane Oliveira Barros; prefácio de Sergio Ferraz. Belo Horizonte : Fórum, 2010.

128 p.
ISBN 978-85-7700-369-3

1. Direito civil. 2. Direito de família. 3. Bioética. 4. Biodireito. I. Ferraz, Sergio. II. Título.

CDD: 342.1
CDU: 347

Informação bibliográfica deste livro, conforme a NBR 6023:2002 da Associação Brasileira de Normas Técnicas (ABNT):

BARROS, Eliane Oliveira. *Aspectos jurídicos da inseminação artificial heteróloga*. Belo Horizonte: Fórum, 2010. 128 p. ISBN 978-85-7700-369-3.

Dedicatória

*A minha mãe, Maria José, pessoa amiga e solidária, mulher forte e de caráter rígido, mas a melhor avó do mundo.
Ao meu pai por tudo.*

Em memória dos meus queridos avós, Antônio e Josefa, João e Maria, pelas melhores lembranças de minha infância.

Aos meus irmãos, sobrinhos, familiares, afilhados e amigos pelo carinho de sempre.

Ao Silvio, homem bom, cidadão honesto, ser humano íntegro e generoso. Por quem me apaixonei na adolescência e a quem amo a cada dia da minha existência.

Com o Bruno aprendi a ser mãe, com o Carlos Eduardo tornei-me mãe, portanto por caminhos diversos os considero como obras de arte, da minha vida a melhor parte.

Agradecimentos

Agradeço à professora Maria Helena Diniz, minha orientadora, jurista de escol, pessoa de fino trato, sensível e com apurado senso de justiça.

À Dra. Rosária de Fátima Vilela a preciosa ajuda na pesquisa da legislação estrangeira.

À querida dona Zezé e à Dra. Vânia Guerreiro, por tudo.

Aos queridos professores que marcaram minha vida acadêmica: Celso Antônio Bandeira de Mello, Weida Zancaner e Rubens T. Vellosa, mestres que fizeram toda a diferença na minha formação humana e ideológica.

Aos queridos professores Dalmo Dallari e Sueli Dallari, exemplos de pessoas democratas e idealistas.

Aos meus examinadores Dra. Dinorá Adelaide Musetti Grotti e Dr. Gustavo Elias Kallas Rezek pela maneira firme, segura e fidalga com que me arguiram.

Ao querido professor Sergio Ferraz, profundo conhecedor do tema, que teve a bondade de corrigir e apresentar este livro.

Sumário

Prefácio
Sergio Ferraz 11

Introdução 13

Capítulo 1
Direito à Descendência como um Direito da Personalidade 15
1.1 Noções gerais do direito da personalidade 15
1.2 Direito à descendência na classificação dos direitos da personalidade 22
1.3 Filiação no novo Código Civil 30
1.3.1 Filiação matrimonial no novo Código Civil 31

Capítulo 2
Inseminação Artificial Heteróloga 37
2.1 Considerações gerais 37
2.2 Conceito de inseminação artificial 40
2.3 Problemática jurídica 42
2.4 Princípios da inseminação artificial 45

Capítulo 3
Pressupostos para o Recurso ao Processo de Reprodução Assistida Heteróloga 47
3.1 Pressuposto finalístico: interesses a que servem o direito à reprodução artificial 47
3.2 Pressupostos subjetivos: quem pode recorrer à técnica de reprodução assistida heteróloga 55
3.3 Pressupostos formalísticos: exigências formais que devem ser observadas para que ocorra a técnica de reprodução assistida heteróloga 59
3.3.1 Informações adequadas 59
3.3.2 Consentimento do marido ou do convivente 63
3.4 Clínicas ou serviços especializados 65
3.5 Os doadores 66
3.6 Consequências jurídicas do sigilo profissional e do anonimato do doador 67

Capítulo 4
Principais Efeitos Jurídicos da Inseminação Artificial Heteróloga..77
4.1 Determinação jurídica da paternidade na inseminação artificial heteróloga..77
4.2 Possibilidade jurídica do arrependimento e a doutrina dos atos próprios..84

Capítulo 5
Presunção *Juris Tantum* de Filiação e o Problema da Negatória de Paternidade.......................................91
5.1 A relatividade da presunção do art. 1.597.......................................91
5.2 Legitimidade para contestar filiação socioafetiva............................92
5.3 Conflito entre a filiação biológica e a socioafetiva...........................93
5.4 Superior interesse do filho como diretriz decisória do conflito entre a filiação biológica e não biológica...95

Capítulo 6
Inseminação Artificial Heteróloga no Direito Comparado..99
6.1 Nos Estados Unidos..99
6.2 Na Alemanha..101
6.3 Na Suécia..103
6.4 Na Espanha...105
6.5 Em França..112
6.6 Em Portugal..113

Capítulo 7
Sugestões de "lege ferenda"...117

Capítulo 8
Conclusões..121

Referências...125

Prefácio

Aceitar a honra de apresentar (prefaciar, introduzir) um livro pressupõe uma dose eloquente de comunhão de ideias e ideais, entre apresentador e apresentado. Na hipótese de primeira obra do autor, a comunhão se adensa e ascende ao nível, mesmo, do apadrinhamento: não se trata apenas de avalizar um trabalho, mas também de conduzir, pela mão, o autor inédito, à galeria bibliográfica do país. Em tais circunstâncias, o apresentador se transmuda em padrinho.

Ao menos é assim que me sinto.

A leitura primeira, ratificada pela posterior, dos *Aspectos jurídicos da inseminação artificial heteróloga*, de Eliane Oliveira Barros, me encantou de pronto. E não porque concordasse com todas as afirmações e posições assumidas pela autora. Mas sim por divisar, em sua obra de estreia, alguns atributos essenciais, para que alguém possa apresentar-se no cenário da produção intelectual. No ensaio da Dra. Eliane constatei sua coragem de asseverar, sua dedicação para fundamentar, sua profundidade nas referências doutrinárias e jurisprudenciais (assim como nas indicações de fontes legais de direito comparado). Tão expressivo somatório não é encontradiço, em autores estreantes, habitualmente. Como, então, silenciar em meu entusiasmo?

Destaco apenas uns poucos exemplos, para evidenciar a essência dos louvores precedentes: a asserção da inaceitabilidade da inseminação artificial heteróloga, no caso de homens ou mulheres, solteiros ou viúvos, eis que a criança gerada artificialmente tem direito a uma dupla de genitores, a uma convivência familiar completa; a abordagem do direito ao conhecimento da identidade genética (paternidade sobretudo), por parte do nascido por inseminação artificial heteróloga (até para salvaguardar sua existência, de doenças graves ou degenerativas); a afirmação da aplicação analógica do art. 1.597, V, aos casos de união estável.

Tendo sido, por feliz acaso da sorte, autor do primeiro trabalho jurídico brasileiro, nessa fascinante seara das manipulações biológicas, isso no já remoto ano de 1991, venho acompanhando, com imenso interesse, a formação da bibliografia brasileira sobre o tema. E proclamo, sem receios, que a esmagadora maior parte desse trabalho de criação é de excelente qualidade, ombreando-se ao que de melhor tem surgido, no resto do mundo. Nesse panorama, afirmo, sem receio de errar, que o trabalho da Dra. Eliane Oliveira Barros, ora apresentado, veio para ficar, constituindo título inovador, de requintada especialização e de alta valia, para quantos se dediquem a tão importante ramo da investigação jurídica.

São Paulo, 12 de maio de 2008.

Sergio Ferraz
Membro da Academia Brasileira de Letras Jurídicas. Ex-Presidente do Instituto dos Advogados Brasileiros. Ex-Consultor Jurídico do Ministério da Justiça. Ex-Professor Titular de Direito Administrativo da Pontifícia Universidade Católica do Rio de Janeiro. Tem diversos artigos, estudos e pareceres publicados em revistas jurídicas e obras coletivas, no Brasil e no exterior, além de dezenas de livros publicados.

Introdução

A presente obra versa sobre o tema "Aspectos Jurídicos da Inseminação Artificial Heteróloga". Como o título indica, cuidamos de investigar alguns dos problemas decorrentes do uso de uma técnica de reprodução assistida em que o ser humano é gerado com material genético fornecido por terceiro, denominado doador.

Interessam-nos os aspectos jurídicos relacionados ao fornecimento de sêmen a pessoa casada ou que vive em união estável e, portanto, os aspectos relacionados com a paternidade estabelecida pela vontade procriacional do marido ou do convivente, que não sendo pai biológico, pois não concorreu com material genético para engravidar sua mulher ou companheira, assume a paternidade da criança por ter concordado com o emprego desta técnica de reprodução assistida.

A obra foi dividida em oito capítulos. No primeiro tratamos do direito à descendência como um direito da personalidade. No segundo cuidamos de descrever a inseminação artificial heteróloga. No terceiro examinamos os pressupostos para o recurso ao processo de reprodução assistida heteróloga. No quarto discorremos sobre os principais efeitos jurídicos. No quinto confrontamos a presunção de paternidade e a possibilidade de impugná-la. No sexto fizemos uma breve incursão no direito comparado. No sétimo apresentamos sugestões para elaboração de um projeto de lei que discipline o assunto. No oitavo apresentamos nossas conclusões.

Capítulo 1

Direito à Descendência como um Direito da Personalidade

Sumário: **1.1** Noções gerais do direito da personalidade – **1.2** Direito à descendência na classificação dos direitos da personalidade – **1.3** Filiação no novo Código Civil – **1.3.1** Filiação matrimonial no novo Código Civil

1.1 Noções gerais do direito da personalidade

A personalidade significa mais do que a aptidão genérica para adquirir direitos e contrair obrigações. A personalidade é a própria exteriorização e a projeção do ser humano naquilo que lhe é essencial e significativo, sem a qual a aptidão para adquirir direitos e contrair obrigações pouca importância teria. De acordo com a lição de Adriano de Cupis, "a personalidade, se não se identifica com os direitos e com as obrigações jurídicas, constitui a precondição deles, ou seja, o seu fundamento e pressuposto".[1] Há certos direitos sem os quais a personalidade permaneceria irrealizada, sem os quais todos os outros direitos subjetivos perderiam o interesse para o indivíduo, que são os direitos da personalidade, cujo objeto constitui o modo de ser físico ou moral da pessoa, privado, portanto, de um valor econômico imediato. Os interesses protegidos nesta categoria de direito dizem respeito à pessoa tutelada e envolvem realidades como vida, integridade física e moral, honra, nome, privacidade do próprio sujeito.[2]

---

[1] DE CUPIS, Adriano. *Os direitos da personalidade*. Campinas: Romana Jurídica, 2004. p. 21.
[2] CORDEIRO, António Menezes. *Tratado de direito civil português*: parte geral. Coimbra: Almedina, 2004. t. III, p. 29. Pessoas.

É certo que alguns autores pretenderam negar a existência dos direitos de personalidade, considerando ilógico alguém pretender ter direitos sobre si. No entanto, a evolução do princípio da dignidade humana, até sua constitucionalização, firmou o entendimento acerca da existência dos direitos da personalidade.[3]

Levando em conta a experiência das codificações, é possível afirmar que o Código civil francês de 1804 e o Código civil alemão de 1896 trataram pouco sobre os direitos de personalidade. A categoria dos direitos de personalidade em França foi introduzida no início do século XX por pressão da doutrina alemã, embora a lei francesa só tenha vindo a fazer menção aos direitos de personalidade a partir dos anos setenta, com a promulgação da Lei nº 70-643, de 17 de julho de 1970, que, integrada no art. 9º do Código Civil, proclamou o princípio do respeito pela vida privada das pessoas. A partir de então outros adendos importantes foram publicados, como a Lei nº 78-17, de 06 de janeiro de 1978, relativa à proteção perante a informática; a Lei nº 93-2, de 04 de janeiro de 1993, que tratou da presunção de inocência, inserida no art. 9-1 do Código Civil; a Lei nº 94-653, de 29 de julho de 1994, que inseriu no art. 16 do Código Civil o direito ao respeito ao ser humano e ao seu corpo.

O Código Civil alemão também não consagrou expressamente os direitos de personalidade, apesar de conhecidos quando da sua promulgação, limitando-se a tratar no §12 do direito ao nome, que

---

[3] GONÇALVES, Carlos Roberto. *Direito civil brasileiro*. São Paulo: Saraiva, 2003. v. 1, p. 155. Parte geral; DINIZ, Maria Helena. *Curso de direito civil brasileiro*. 24. ed. São Paulo: Saraiva, 2007. v. 1, p. 117. Teoria geral do direito civil.
A dignidade da pessoa humana prevista na Constituição como um dos fundamentos da República Democrática significa um limite contra o totalitarismo e contra experiências históricas de aniquilação do ser humano, bem como a base de muitos direitos fundamentais. Segundo J. J. Gomes Canotilho e Vital Moreira (*Constituição da República Portuguesa anotada*. 4. ed. portuguesa, rev. 1. ed. brasileira. Coimbra: Coimbra Ed. São Paulo: Revista dos Tribunais, 2007. v. 1, p. 198), "nestes pressupostos radica a elevação da *dignidade da pessoa humana* a trave mestra de sustentação e legitimação da República e da respectiva compreensão da organização do poder político. Com este sentido, a dignidade da pessoa humana ergue-se como linha decisiva de fronteira ('valor-limite') contra totalitarismos (políticos, sociais, religiosos) e contra experiências históricas de aniquilação existencial do ser humano e negadores da dignidade da pessoa humana (escravatura, inquisição, nazismo, estalinismo, polpotismo, genocídios étnicos).
A dignidade da pessoa humana não é jurídico-constitucionalmente apenas um princípio-limite. Ela tem um *valor próprio* e uma *dimensão normativa* específicos. Desde logo, está na base de concretizações do *princípio antrópico ou personicêntrico* inerente a muitos direitos fundamentais (direito à vida, direito ao desenvolvimento da personalidade, direito à integridade física e psíquica, direito à identidade pessoal, direito à identidade genética). Por outro lado, alimenta materialmente o princípio da igualdade proibindo qualquer diferenciação ou qualquer pesagem de dignidades: os 'deficientes', os 'criminosos', os 'desviantes', têm a mesma dignidade da chamada 'pessoa normal'. Os estrangeiros e os apátridas (refugiados, asilados) têm a mesma dignidade do cidadão nacional".

forneceu a base para doutrinadores e comentaristas se ocuparem dos direitos de personalidade. Apesar dessa carência, os direitos de personalidade conheceram grande desenvolvimento, especialmente depois de 1945, em parte pelos abusos legislativos cometidos no período nacional-socialista (1933-1945).[4]

Nessa linha de evolução, no direito alemão foi retomada antiga ideia de Regelsbercher e de Von Gierke favorável a um direito geral de personalidade, definido como o direito subjetivo absoluto à manutenção, inviolabilidade, dignidade, reconhecimento e livre desenvolvimento da individualidade das pessoas, o que permitiu responsabilização alargada no caso de violação.[5] De acordo com a lição de Rabindranath V. A. Capelo de Sousa, o término da segunda Grande Guerra, o desmantelamento da organização nazista e a conscientização dos perigos de uma pretensa neutralidade do direito objetivo estatal proporcionaram à Lei Fundamental da República Federal da Alemanha explicitar no art. 2º, nº 1, um direito geral de personalidade dotado de eficácia perante terceiros, conforme dicção do art. 1º, nº 3, ao dispor "cada um tem o direito ao livre desenvolvimento da sua personalidade, desde que não viole os direitos de outros e não atente contra a ordem constitucional ou a lei moral". Diante destes preceitos, tanto a doutrina, como a jurisprudência, mudaram de posição para adotar o direito geral de personalidade como um direito subjetivo e estender o seu âmbito a diversas áreas da personalidade humana, não protegidas especificamente.[6]

Rabindranath V. A Capelo de Souza ao tratar do direito geral de personalidade define-o

> como o direito de cada homem ao respeito e à promoção da globalidade dos elementos, potencialidades e expressões da sua personalidade humana bem como da unidade psico-físico-sócio-ambiental dessa mesma personalidade humana, com a conseqüente

---

[4] CORDEIRO, António Menezes. *Tratado de direito civil português*: parte geral. Coimbra: Almedina, 2004. t. III, p. 40-45. Pessoas. Afirma o autor: "A dramática experiência do III *Reich* levou, na República Federal Alemã subseqüente a 1949, a um surto de desenvolvimento de direitos fundamentais e de personalidade. Esse movimento intensificar-se-ia com a multiplicação dos meios susceptíveis de agredir ou pôr em causa a esfera pessoal de cada um: meios de comunicação e de vigilância, informática e biotecnologia, como exemplos".

[5] CORDEIRO, António Menezes. *Tratado de direito civil português*: parte geral. Coimbra: Almedina, 2004. t. III. Pessoas.

[6] SOUSA, Rabindranath V. A Capelo de. *O direito geral de personalidade*. Coimbra: Coimbra Ed., 1995. p. 134.

obrigação por parte dos demais sujeitos de se absterem de praticar ou de deixar de praticar actos que ilicitamente ofendam ou ameacem ofender tais bens jurídicos da personalidade alheia, sem o que incorrerão em responsabilidade civil e/ou na sujeição às providências cíveis adequadas a evitar a consumação da ameaça ou a atenuar os efeitos da ofensa cometida.[7]

O direito geral de personalidade, visto como um direito-fonte ou direito-quadro, perde terreno e a partir de manifestações doutrinárias âmbitos de proteção do direito de personalidade começam a se destacar, os denominados direitos especiais de personalidade.

No Brasil os direitos de personalidade são definidos por Maria Helena Diniz como os

> direitos subjetivos da pessoa de defender o que lhe é próprio, ou seja, a sua integridade física (vida, alimentos, próprio corpo vivo ou morto, corpo alheio vivo ou morto, partes separadas do corpo vivo ou morto); a sua integridade intelectual (liberdade de pensamento, autoria científica, artística e literária) e sua integridade moral (honra, recato, segredo pessoal, profissional e doméstico, imagem, identidade pessoal, familiar e social). São olhares distintos (o uno e o múltiplo) sobre o mesmo fenômeno — a personalidade humana — e compatíveis entre si, pois mesmo a abordagem una não desmerece a importância dos elementos que a integram como o corpo e a psique.[8]

O novo Código Civil reconheceu nos art. 11 e seguintes os direitos de personalidade. De acordo com Miguel Reale, "todo um capítulo novo foi dedicado aos *direitos da personalidade*, visando à sua salvaguarda, sob múltiplos aspectos, desde a proteção dispensada ao nome e à imagem até o direito de dispor do próprio corpo para fins científicos ou altruísticos".[9]

---

[7] SOUSA, Rabindranath V. A Capelo de. *O direito geral de personalidade*. Coimbra: Coimbra Ed., 1995. p. 93.
[8] Para Rabindranath V. A Capelo de Sousa (*O direito geral de personalidade*. Coimbra: Coimbra Ed., 1995. p. 211), "embora o homem seja uma unidade em que todos os seus componentes se interpenetram e completam, as ciências antropológicas e a filosofia, dada a particular complexidade do homem, têm indagado dos seus pretensos elementos constitutivos ou, talvez melhor, dos seus modos de ser, tentando defini-los e caracterizá-los e delimitá-los. Neste contexto, vêm de longe e assumem o maior relevo as distinções, porventura modalmente antinômicas, entre matéria e corpo humano, por um lado, e espírito e alma humana, por outro, não sendo, porém de maneira nenhuma, pacífica quer a caracterização de cada um desses termos quer o teor das relações entre eles".
[9] REALE, Miguel. *O projeto do novo Código Civil*. 2. ed. São Paulo: Saraiva, 1999. p. 65.

Advirta-se, no entanto, apesar da enorme importância que possa ser atribuída ao tema dos direitos de personalidade, o novo Código Civil devotou-lhe poucos artigos, o que reclamará desenvolvimento ulterior doutrinário e jurisprudencial.[10]
Dispõe o art. 13 do Código Civil:

> Salvo por exigência médica, é defeso o ato de disposição do próprio corpo, quando importar diminuição permanente da integridade física, ou contrariar os bons costumes.
>
> Parágrafo único. O ato previsto neste artigo será admitido para fins de transplante, na forma estabelecida em lei especial.

E o art. 14 do Código Civil:

> Art. 14. É válida, com objetivo científico, ou altruístico, a disposição gratuita do próprio corpo, no todo ou em parte, para depois da morte.
>
> Parágrafo único. O ato de disposição pode ser livremente revogado a qualquer tempo.

Ambos os dispositivos cuidam do direito à integridade física, que engloba a proteção jurídica da vida, do próprio corpo, vivo ou morto, na sua totalidade ou nas suas partes. De acordo com Adriano de Cupis, "o bem da integridade física é, a par do bem da vida, um modo de ser físico da pessoa, perceptível mediante os sentidos. Este bem, por outro lado, segue, na hierarquia dos bens mais elevados, o bem da vida. De fato, enquanto este último consiste puramente e simplesmente na existência, a integridade física, pressupondo a existência, acrescenta-lhe alguma coisa que é, precisamente, a incolumidade física, de importância indubitavelmente inferior ao seu pressuposto".[11]

---

[10] Maria Helena Diniz (*Curso de direito civil brasileiro*. 24. ed. São Paulo: Saraiva, 2007. v. 1, p. 123. Teoria geral do direito civil), para quem: "apesar da grande importância dos direitos da personalidade, o Código Civil, mesmo tendo dedicado a eles um capítulo, pouco desenvolveu sobre tão relevante temática, embora, com o objetivo primordial de preservar o respeito à pessoa e aos direitos protegidos constitucionalmente, não tenha assumido o risco de uma enumeração taxativa prevendo em poucas normas a proteção de certos direitos inerentes ao ser humano, talvez para que haja, posteriormente, desenvolvimento jurisprudencial e doutrinário e regulamentação por normas especiais" e Carlos Roberto Gonçalves (*Direito civil brasileiro*. São Paulo: Saraiva, 2003. v. 1, p. 159. Parte geral), para quem: "malgrado o avanço que representa a disciplina dos referidos direitos em capítulo próprio, o novo Código mostrou-se tímido a respeito de assunto de tamanha relevância, dando-lhe reduzido desenvolvimento, preferindo não correr o risco de enumerá-los taxativamente e optando pelo enunciado de 'poucas normas dotadas de rigor e clareza, cujos objetivos permitirão os naturais desenvolvimentos da doutrina e da jurisprudência'".

[11] DE CUPIS, Adriano. *Os direitos da personalidade*. Campinas: Romana Jurídica, 2004. p. 75-76.

A preservação da integridade física do ser humano pode ser localizada historicamente na Declaração dos Direitos do Homem e do Cidadão, de 1789, mas, mesmo antes dela, havia uma preocupação em minimizar os castigos corporais, em abolir a escravidão.[12]

Juridicamente, o direito à integridade física consiste no poder limitado de praticar atos materiais em seu corpo e no dever ilimitado de respeitar a integridade física de outrem. A autodeterminação de cada homem sobre o seu próprio corpo encontra limites que não podem ser ultrapassados. Assim, o direito ao próprio corpo impede que o titular consinta em atos que o lesione ou o diminua, salvo exceções legais. O dever de respeitar a integridade física de outrem veda atos que possam afetá-la, sem uma justificativa legal, motivo pelo qual o Estado sanciona atos lesivos a integridade física das pessoas.

No Brasil, a legislação preserva a integridade física do ser humano. A Constituição Federal, por exemplo, repudia a tortura, veda as penas cruéis e o tratamento desumano ou degradante (art. 5º, incisos III e XLVI). O direito penal sanciona condutas que atentem contra a integridade física, como a lesão corporal, enquanto o direito civil permite atos de disposição do corpo, observados certos limites legais, morais e orgânicos, este último a proibir qualquer ato que possa resultar numa incapacidade permanente (CC, art. 13).

Na lição de Marconi do Ó Catão:

> O entendimento aceito pela maioria dos autores é de que o titular do direito ao corpo tem um poder limitado de disposição deste bem, devendo observar, necessariamente, as restrições estabelecidas pela lei, pelos usos e costumes, pelos princípios de moral vigentes e desde que não ocasione uma diminuição permanente da integridade física de seu titular ou acarrete a perda de um sentido ou órgão, tornando-o inútil para sua função fisiológica. Será ilícito qualquer ato, mesmo consentido pelo indivíduo, mediante o qual se autorize a um terceiro dispor do corpo vivo, de tal modo que isso implique a extinção da vida.
>
> Com relação ao exercício do direito de disposição ao corpo vivo, os limites naturais são os direitos à vida e à integridade física. Por conseguinte, não se permite disposição que resulte em inviabilização da vida ou de saúde, ou importe em deformação permanente, ou,

---

[12] CATÃO, Marconi do Ó. *Biodireito*: transplantes de órgãos humanos e direitos de personalidade. São Paulo: WVC Editora, 2004. p. 168.

ainda, que atente contra os princípios norteadores da vida em sociedade. Mas, no exercício da faculdade de autorização, pode a pessoa privar-se de partes anatômicas ou órgãos de seu corpo, seja em prol de sua própria higidez física (retirada de partes doentes) ou mental, seja com fins altruísticos (transplante).[13]

É por esta razão que a lei não interdita os atos de doação de órgãos, disciplinada pela Lei nº 9.434, de 04 de fevereiro de 1997, isto é, órgãos duplos (rins), partes recuperáveis e regeneráveis (fígado) ou tecido (pele, medula óssea), pois nestes casos a remoção não traz riscos para a integridade física do doador, nem compromete suas aptidões vitais e saúde mental (Lei nº 9.434/97, art. 9º, §§3º e 4º). Nesse contexto a doação de material genético para uso em técnicas de reprodução assistida não configura violação ao direito ao próprio corpo, posto que o material genético pode ser qualificado como tecido.

O novo Código Civil atribuiu aos direitos de personalidade as características de intransmissibilidade e irrenunciabilidade, quando, na verdade, a doutrina os considera absolutos, indisponíveis, ilimitados, imprescritíveis, impenhoráveis e inexpropriáveis.[14]

Costuma-se considerá-los direitos absolutos porque oponíveis *erga omnes*; deles resulta um dever geral de abstenção, de respeito. Essa é uma das noções comportada pela expressão *direitos absolutos*, que não é unívoca. Nesta primeira acepção, o direito absoluto seria o direito oponível a todos ou *erga omnes* e distinguir-se-ia do relativo oponível apenas *inter partes*. O direito de personalidade permitiria ao titular exigir de qualquer pessoa o acatamento das condutas necessárias à sua efetivação. Na segunda acepção, dita estrutural, ser absoluto significa não postular relação jurídica configurável entre dois sujeitos, o que indica no direito de personalidade uma permissão de aproveitamento de um bem de personalidade.[15]

Os direitos de personalidade seriam extrapatrimoniais, posto que insuscetíveis de aferição econômica. A afirmação é parcialmente correta porquanto a lei a propósito do direito à imagem admite comercialização. Há, portanto, direitos de personalidade

---

[13] CATÃO, Marconi do Ó. *Biodireito*: transplante de órgãos humanos e direitos de personalidade. São Paulo: WVC, 2004. p. 176.
[14] DINIZ, Maria Helena. *Curso de direito civil brasileiro*. 24. ed. São Paulo: Saraiva. 2007. v. 1, p. 120. Teoria geral do direito civil.
[15] CORDEIRO, António Menezes. *Tratado de direito civil português*: parte geral. Coimbra: Almedina, 2004. t. III, p. 94. Pessoas.

não patrimoniais em sentido forte, isto é, o direito não admite que os correspondentes bens sejam permutados por dinheiro, como o direito à vida, o direito à saúde, o direito à integridade corporal. Há os direitos de personalidade não patrimoniais em sentido fraco, pois eles não podem ser abdicados por dinheiro, embora, certas regras, permitem surjam como objeto de negócios patrimoniais ou com algum alcance patrimonial, como o direito à saúde ou integridade física. E há os direitos de personalidade patrimoniais representativos de valor econômico, isto é, os que são avaliáveis em dinheiro e podem ser negociados: nome, imagem e o fruto da atividade intelectual.[16]

Os direitos são intransmissíveis porque não podem ser transferidos para esfera jurídica de outrem. Nascem e se extinguem por obra da lei com o seu titular. Os direitos são, em regra, indisponíveis, isto é, não pode haver disposição deles.[17]

Entre os direitos de personalidade reconhecidos, o Código Civil cuida do direito ao próprio corpo, direito ao nome, direito à imagem e o direito à intimidade. Este rol, no entanto, não é exaustivo.

1.2 Direito à descendência na classificação dos direitos da personalidade

A Declaração Universal dos Direitos do Homem, em seu art. 16, estabelece "os homens e as mulheres, a partir da idade núbil, têm direito, sem restrição alguma por motivo de raça, nacionalidade ou religião, de casar e constituir família, e desfrutarão de iguais direitos quanto ao matrimônio, durante o matrimônio e no caso de dissolução". Implicitamente, neste artigo da declaração estaria reconhecido um direito a procriar.

O direito à descendência é uma espécie de direito de personalidade, porque implícito o direito de fundar uma família e procriar. Conforme Heloísa Helena Barboza,

> A essência da liberdade de fundar uma família constitui uma manifestação da privacidade determinada pelo livre desenvolvimento da personalidade, com um duplo conteúdo, de positiva participação na criação ou fundação familiar, e de obstáculo às interferências na

---

[16] CORDEIRO, António Menezes. *Tratado de direito civil português*: parte geral. Coimbra: Almedina, 2004. t. III, p. 97. Pessoas.
[17] DINIZ, Maria Helena. *Curso de direito civil brasileiro*. 24. ed. São Paulo: Saraiva, 2007. v. 1, p. 119. Teoria geral do direito civil.

intimidade de que assegura a liberdade de decisão decorrente da referida participação positiva.[18]

Há, no entanto, quem negue a existência de um direito à reprodução ao argumento de a reprodução, por ser um processo natural, não poder ser concebida como um direito humano em sentido técnico. Segundo Adriana Alice Zanolini:

> Há quem não reconheça um verdadeiro direito à reprodução, sob o argumento de que não se pode extrair de qualquer disposição legal que o desejo à prole tenha se elevado a um direito subjetivo. Sustenta-se, ainda, que a reprodução, como fim de satisfazer o desejo dos pais em ter filho, seria uma forma de reificação da pessoa. O filho seria apenas um meio para satisfazer um fim, quando deveria sempre ser um fim em si mesmo. E diante do dilema 'direito da criança e direito à criança' difícil seria reconhecer este último.[19]

A reprodução da espécie humana, disciplinada entre nós no art. 226, §7º, da Constituição Federal atribuiu ao homem e à mulher, unidos pelo matrimônio, ou pela união estável, a decisão de procriar, amparada nos princípios da dignidade da pessoa humana e da paternidade responsável. Citado dispositivo constitucional estabeleceu um direito ao planejamento familiar fundado na liberdade de deliberação do casal, o único a poder fixar o número de filhos. De acordo com Maria Helena Diniz:

> A Constituição de 1988, ao prescrever, no art. 226, §7º, que, "fundado nos princípios da dignidade da pessoa humana e da paternidade responsável, o planejamento familiar é livre decisão do casal, competindo ao Estado propiciar recursos educacionais e científicos para o exercício desse direito, vedada qualquer forma coercitiva por parte de instituições oficias ou privadas", veio a consagrar o direito ao planejamento familiar, que não está vinculado à política de controle demográfico, mas à liberdade de decisão de cada casal, que passa a ser responsável pelo número de filhos, assim como por seu desenvolvimento físico e moral, educação, saúde e proteção. O

---

[18] BARBOZA, Heloísa Helena. Direito à procriação e às técnicas de reprodução assistida. *In*: LEITE, Eduardo Oliveira (Coord.). *Grandes temas da atualidade*: bioética e biodireito. Rio de Janeiro: Forense, 2004. p. 158.

[19] ZANOLINI, Adriana Alice. *A reprodução artificial heteróloga no direito brasileiro de filiação*. Dissertação (Mestrado em direito civil) – Pontifícia Universidade Católica de São Paulo, São Paulo, 2002. f. 14.

planejamento familiar não se restringe apenas a procriação, decisão pelo número de filhos, espaçamento ou intervalo entre uma gestação e outra, controle da natalidade ou da fecundidade, mas também, em sentido amplo, a moradia, alimentação, lazer, educação etc. É preciso esclarecer que o desejo da paternidade é mais forte que conjunturas socioeconômicas e está alheio à explosão demográfica; sua realização dependerá da decisão do casal. O planejamento familiar não se volta ao problema da eugenia, ao controle demográfico para evitar ameaças econômicas e políticas, ao fato de a mulher estar no mercado de trabalho, mas está fundado no direito à saúde e à liberdade e autonomia do casal na definição do tamanho de sua prole e na escolha da oportunidade que entender mais apropriada para ter filhos. A responsabilidade pela paternidade é do casal e não do Estado (CC, art. 1.565, §2º).[20]

A paternidade e maternidade responsável, fruto da livre decisão do casal, foi prevista também no art. 1.565, §2º, do Código Civil. Assim, ter ou não ter filhos é uma decisão exclusiva do casal. O Estado não pode interferir nesta decisão. No planejamento familiar, cumpre ao Estado propiciar recursos financeiros e educacionais para assegurar ao casal o direito de deliberar a respeito de ter ou não filhos. Não cabe ao Estado induzir o comportamento do casal, nem estabelecer limites acerca do número de filhos, o que leva à clara distinção entre planejamento familiar e planejamento populacional, conforme lição de Maria Helena Diniz:

> Quanto ao planejamento familiar, caberá ao Estado tão-somente propiciar meios educacionais (p.ex., campanha de informação, educação sexual nas escolas), financeiros e científicos (p.ex., distribuição de contraceptivos e atendimento ginecológico nos centros de saúde) para o exercício desse direito, não podendo haver controle público ou privado da natalidade. Ao Estado compete, portanto, estabelecer uma política de reprodução humana que respeite os direitos fundamentais, garantindo a todos a saúde. O planejamento familiar não é planejamento populacional, porque não se deve induzir o comportamento social ou sexual, nem deliberar o número de filhos do casal. Só é admitida a oferta de serviços de aconselhamento realizados por meio de instituições públicas ou privadas, submetidas ao Sistema Único de Saúde.[21]

---

[20] DINIZ, Maria Helena. *O estado atual do biodireito*. 3. ed. atual. conforme o novo Código Civil. São Paulo: Saraiva, 2006. p. 149.
[21] DINIZ, Maria Helena. *Código Civil anotado*. 10. ed. São Paulo: Saraiva, 2004. p. 1147.

O direito a procriar pode ser classificado como um direito de personalidade a ser exercido preferencialmente pelo casal, protegido pelo Estado, que, por meio da Lei nº 9.263, de 12 de janeiro de 1996, garantiu direitos de constituição ou aumento da prole pela oferta de métodos e técnicas de concepção cientificamente aceitos e seguros.[22]

Ensina Maria Helena Diniz:

> na Conferência Mundial sobre População e Desenvolvimento, convocada pela ONU e realizada no Cairo, em 1994, pela primeira vez houve uma clara formulação da idéia de *direitos reprodutivos e sexuais*, confirmada, no ano de 1995, na Conferência Internacional de Beijing, tendo o seguinte teor: Os direitos reprodutivos incluem certos direitos humanos que já estão reconhecidos nas leis nacionais, nos documentos internacionais sobre direitos humanos e em outros documentos pertinentes das Nações Unidas aprovados por consenso. Esses direitos firmam-se no reconhecimento do direito básico de todos os casais e indivíduos a decidir livre e responsavelmente o número de filhos, o espaçamento dos nascimentos e o intervalo entre eles e a dispor da informação e dos meios para tanto e o direito a alcançar o nível mais elevado de saúde sexual e reprodutiva[23] (...)

A procriação como um direito de personalidade, classificado como direito à descendência entre o direito à integridade física por Rubens Limongi França, deve ser compreendida com ressalvas porquanto o exercício desse direito pressupõe colaboração de outro, pois, como regra, a procriação depende do concurso do homem e da mulher que voluntariamente cooperam para que da cópula resulte a fecundação do óvulo pelo espermatozoide e o natural desenvolvimento do embrião no ventre materno.[24]

A procriação como ato de união e cooperação entre homem e mulher desenvolve-se ordinariamente no meio da sociedade conjugal, instaurada pelo casamento, ou no meio da convivência,

---

[22] O planejamento familiar previsto na Lei nº 9.263, de 12.01.1996, não garante apenas direitos iguais de *constituição* ou *aumento* da prole pela mulher, pelo homem ou pelo casal, mas, também, direitos à limitação pelas técnicas legais de contracepção. Não obstante, pela impertinência do tema com esta obra não cuidaremos de técnicas de contracepção e os problemas jurídicos suscitados por ela, como a esterilização voluntária.

[23] DINIZ, Maria Helena. *O estado atual do biodireito*. 3. ed. atual. conforme o novo Código Civil. São Paulo: Saraiva, 2006. p. 150.

[24] Não se desconhece a triste realidade de que a concepção pode resultar do recurso de violência ou da fraude contra a mulher.

instaurada pela união estável, ambas constitutivas da família, em sua significação restrita,[25] local apropriado, conforme definido na Constituição e na legislação infraconstitucional, para a criação e educação dos filhos (CF, art. 227 e CC, arts. 1.566, IV e 1.567).

No âmbito da sociedade entre cônjuges ou conviventes a comunhão plena de vida pressupõe, quando possível e viável,[26] a coabitação, compreendida como o efetivo exercício das relações sexuais entre os cônjuges como meio para permitir a concepção de filhos, cuja recusa imotivada pode configurar justa causa para a separação judicial.[27]

Não obstante o afirmado acima, o afrouxamento dos costumes, a emancipação profissional da mulher, a crise de confiança na instituição familiar, a descoberta de técnicas de reprodução artificial, dissociaram a procriação da ideia de comunhão plena de vida entre um homem e uma mulher, e, com isso, contribuíram para o crescimento de famílias monoparentais ou unilineares, desvinculadas da noção de um casal relacionado com seus filhos.[28]

Desta forma, à mulher, ao menos em tese, resta a alternativa de mesmo solteira, viúva, divorciada ou separada judicialmente, recorrer a um banco de sêmen e realizar procedimento médico

---

[25] Maria Helena Diniz (*Curso de direito civil brasileiro*. 18. ed. São Paulo: Saraiva, 2004. v. 5, p. 10. Direito de família), define na significação restrita a família não só como "o conjunto de pessoas unidas pelos laços do matrimônio e da filiação, ou seja, unicamente os cônjuges e a prole (CC, arts. 1.567 e 1.716), mas também a comunidade formada por qualquer dos pais e descendentes, como prescreve o art. 226, §§3º e 4º, da Constituição Federal, independentemente de existir o vínculo conjugal, que a originou (JB, 166:277 e 324). Inova, assim, a Constituição de 1988, ao retirar a expressão da antiga Carta (art. 175) de que só seria família a constituída pelo casamento. Assim sendo, a Magna Carta de 1988 e a Lei nº 9.278/96, art. 1º, e o novo Código Civil, arts. 1.511, 1.513 e 1.723, vieram a reconhecer como *família* a decorrente do matrimônio (art. 226, §§1º e 2º, da CF/88) e como *entidade familiar* não só a oriunda de união estável, como também a comunidade monoparental (CF/88, art. 226, §§3º e 4º) formada por qualquer dos pais e seus descendentes independentemente de existência de vínculo conjugal que a tenha originado (*JB, 166:277 e 324*)".

[26] Orlando Gomes (*Direito de família*. 11. ed. rev. e atual por Humberto Theodoro Júnior. Rio de Janeiro: Forense, 1999. p. 114), afirma, com razão, "não ser absoluta, no entanto, a obrigação de satisfazer o *debitum conjugale*, nem necessária. Permite a lei o casamento de pessoas que, pela idade ou saúde, não estão em condições de prestá-lo".

[27] Heloísa Helena Barboza (Direito à procriação e às técnicas de reprodução assistida. *In*: LEITE, Eduardo Oliveira (Coord.). *Grandes temas da atualidade*: bioética e biodireito. Rio de Janeiro: Forense, 2004. p. 156), afirma: "o direito à procriação, em particular sob a ótica religiosa, parece inerente ao casamento. Já se firmou que, para os cristãos, o desejo de ter um filho próprio é natural, é o 'fim do sacramento do Matrimônio'. Mesmo em termos jurídicos a procriação foi, durante tempo significativo, considerada como uma das finalidades do casamento, conseqüência natural da satisfação do 'débito conjugal'".

[28] De acordo com Maria Helena Diniz (*Curso de direito civil brasileiro*. 18. ed. São Paulo: Saraiva. 2007. v. 5, p. 11. Direito de família) "a família monoparental ou unilinear desvincula-se da idéia de um casal relacionado com seus filhos, pois estes vivem apenas com um de seus genitores, em razão de viuvez, separação judicial, divórcio, adoção unilateral, não reconhecimento de sua filiação pelo outro genitor, 'produção independente' etc.".

necessário a viabilizar a procriação, dispensando, com isso, o ato sexual, mesmo que isso seja moralmente condenável, ao passo que o homem, ainda que consiga pelas técnicas genéticas possíveis viabilizar a fecundação de um óvulo por seu espermatozoide, necessitará de uma mulher que implante o embrião em seu útero.

Assim, o direito à descendência, enquanto espécie de direito de personalidade, deve ser entendido com ressalvas, por não se vislumbrar nele, por exemplo, a característica de ser absoluto, pois, como dito, em regra, pressupõe o concurso de vontade de outra pessoa, seja para a procriação natural, seja para a procriação artificial.[29]

No entanto, o direito à descendência ou de procriar está sempre limitado pelos direitos da criança por nascer, especialmente por seu direito à dignidade e ao desenvolvimento de sua personalidade no meio de uma família composta da dupla imagem de genitores, paterna e materna, conforme nos alerta Heloísa Helena Barboza:

> Indispensável, portanto, registrar que a admissão do direito à procriação em seus aspectos positivo e negativo, longe está de conferir-lhe caráter absoluto. A corrente que afirma ser duvidosa a existência de um direito à procriação enfatiza que, a ser admitido, tal direito não poderá ser absoluto, estando sempre limitado pelos direitos da criança por nascer, fundamentalmente por seu direito à dignidade e à formação de sua paternidade no seio de uma família com a dupla imagem de genitores, paterna e materna, pois se este direito às vezes é contrariado pelas vicissitudes da existência, não deve ser desconhecido voluntariamente por uma escolha deliberada.
>
> Mesmo para a doutrina mais "liberal" (norte-americana) o direito de procriar "positivo" não recebe tutela plena, devendo ser acompanhado pelo desenvolvimento adequado da função do genitor: ninguém pode ser privado do direito de criar os próprios filhos genéticos, salvo por inidoneidade devidamente comprovada. Nesta

---

[29] Fernando Araújo (*A procriação assistida e o problema da santidade da vida*. Coimbra: Almeida, 1999. p. 19), propõe outros questionamentos à liberdade de procriar, que não serão discutidos neste trabalho: "Novamente se dirá que a liberdade de procriar é um interesse muito relevante, mas que a sua promoção a direito pode suscitar questões melindrosas: por exemplo, terá uma mulher casada o direito de procriar, ou de deixar de procriar, contra a oposição do marido (independentemente das incidências de uma decisão de não procriar em matéria de divórcio)? Terão os portadores de doenças genéticas e contagiosas graves o direito de procriar? Poderá reconhecer-se um direito de procriar a adultos incapazes — por exemplo, em casos de deficiência psíquica que impede o consentimento esclarecido? E se a resposta for afirmativa, poderá porventura admitir-se que os menores ou os incapazes tenham acesso às técnicas de procriação assistida, ou possam disputar com os demais a afectação de recursos públicos para apoio dessas técnicas?"

regra está o temperamento praticado pelo ordenamento americano entre dois princípios potencialmente contrários: um expresso pela tradicional *parental rights doctrine* e outro na mais recente, e já dominante, *best interest of the child doctrine*.

Constata-se preocupação marcante com os direitos do novo ser que "não pode, em caso nenhum, ser considerado um mero instrumento para a satisfação de objetivos alheios".[30]

Sergio Ferraz em obra sobre o tema ensina-nos que também como o nascituro, tem o concebido o direito a uma convivência comunitária e familiar capaz de lhe assegurar um desenvolvimento físico e psíquico, e invoca a Lei Sueca nº 1.140, de 20.12.1980, que assegura à criança artificialmente gerada o direito a uma "dupla genitorial", interditando a prática a casais homossexuais, homens ou mulheres solitários.[31] Para o citado autor,

> Os princípios constitucionais tutelares da criança apontam, nitidamente, para a necessidade de ser o nascimento precedido de cuidados assecuratórios de uma infância sadia e feliz. Acima de tudo, na procriação, o que vale não é simples e eventual direito à vida, mas sim a uma vida saudável. O que importa, precipuamente, é o interesse da criança a gerar, e não, a satisfação dos pais, em por alguém no mundo.[32]

Essa é também a opinião de Luciano Bruscuglia para quem prevalece sobre o interesse do casal de satisfazer sua aspiração à fecundidade o interesse do filho a viver num núcleo familiar idôneo a criá-lo com todas as condições para o desenvolvimento de sua personalidade.[33]

---

[30] BARBOZA, Heloísa Helena. Direito à procriação e às técnicas de reprodução assistida. *In*: LEITE, Eduardo Oliveira (Coord.). *Grandes temas da atualidade*: bioética e biodireito. Rio de Janeiro: Forense, 2004. p. 159-160.
[31] FERRAZ, Sergio. *Manipulações biológicas e princípios constitucionais*: uma introdução. Porto Alegre: Sergio Antonio Fabris, 1991. p. 51.
[32] FERRAZ, Sergio. *Manipulações biológicas e princípios constitucionais*: uma introdução. Porto Alegre: Sergio Antonio Fabris, 1991. p. 45. O citado autor afirma não ter dificuldade em negar a existência de um direito à procriação e considera equivocada a leitura feita nesse sentido do precedente da Corte Suprema, de 1923 (Meyer vs. Nebraska 262, 45, 39, 399, 1923). Ao contrário do que querem alguns, ou seja, a tese de que a Corte Suprema ali proclamou um direito de procriar, o que hoje envolveria um direito irrestrito à fecundação artificial, o parâmetro real da matéria se encontra em Skinner vs. Oklahoma (316 U.S., 1942): aqui, a Corte Suprema, abolindo, em 1942, uma lei do Estado de Oklahoma, que permitia a esterelização de certos tipos de criminosos, declarou que o direito de procriar, *responsável* e *naturalmente*, se insere entre os direitos básicos do homem, incluído entre as liberdades protegida na Emenda 14.
[33] BRUSCUGLIA, Luciano. Diritti dei minori e procreazione artificiale. *In*: FERRANDO, Gilda (Org.). *La procreazione artificiale tra etica e diritto*. Padova: Cedam, 1989. p. 173.

O assunto, no entanto, é polêmico. A inseminação da mulher solteira não se atrita com nenhuma proibição em França, que reconheceria à mulher a liberdade de dispor do seu corpo e de gerar, sem que nenhuma distinção possa ser feita entre a mulher casada e a mulher solteira.[34]

No Brasil, Maria Helena Diniz cita o projeto de lei nº 90/99 que veda o direito à reprodução assistida a mulheres solteiras e a casais homossexuais, admitindo-o apenas aos casados e aos conviventes. Referida autora sustenta que a criança gerada artificialmente deverá ter direito a uma dupla genitorial e a uma convivência familiar que lhe garanta um desenvolvimento físico e psíquico sadio.[35]

O direito a uma família estável é um princípio cardeal que também deve nortear a inseminação artificial heteróloga e serve, com isso, de instrumento de tutela de interesse daquele que está para ser concebido, de modo que o direito a recorrer à inseminação artificial não deve ser deferido a mulheres solteiras ou viúvas, nem a homens solteiros ou viúvos. Para ambos, a adoção seria a solução para constituir um vínculo de filiação que não esteja fundado em critérios biológicos.

A família estável constituída pela dupla figura de genitores apresenta-se como um critério seguro mínimo para o desenvolvimento harmonioso do filho. Para o direito, a única garantia de ter a criança a dupla de genitores está em admitir a fecundação artificial apenas de mulheres casadas ou conviventes.[36] A renúncia a uma família estável equivale a reconhecer como incontestável o desejo de filiação de um indivíduo solteiro ou viúvo, mesmo quando a satisfação desse desejo possa prejudicar a felicidade do nascituro.[37]

Nesse sentido, a lição de Guilherme Calmon Nogueira da Gama:

> Vê-se, de acordo com a experiência francesa, que o direito à reprodução não é absoluto, e o próprio recurso do casal às técnicas de

---

[34] KHAIAT, Lucette. La procreation medicalement assistée dans l'experience française on ethique, phantasmes et droit. In: FERRANDO, Gilda (Org.). La procreazione artificiale tra etica e diritto. Padova: Cedam, 1989. p. 85.

[35] DINIZ, Maria Helena. O estado atual do biodireito. 3. ed. atual. conforme o novo Código Civil. São Paulo: Saraiva, 2006. p. 561.

[36] De acordo com Sergio Ferraz (Manipulações biológicas e princípios constitucionais: uma introdução. Porto Alegre: Sergio Antonio Fabris, 1991. p. 45), "qualquer união estável de homem e mulher, convivendo como se casados fossem, legitima o par à pretensão da fecundação artificial".

[37] D'AGOSTINO, Francesco. Gli interventi sulla genetica umana nella prospettiva della fisiofia del diritto. In: Procreazione artificiale e interventi nella genetica umana, tai del Convengo di Verona. Padova: Milano, 1987. p. 176-177.

reprodução homóloga somente é reconhecido na impossibilidade da procriação carnal — salvo na hipótese de transmissão de doenças genéticas.

No contexto do direito à reprodução deve ser analisado o projeto parental daqueles que pretendem procriar com o recurso às técnicas de reprodução assistida. Nesse contexto, é importante a existência da família constituída regularmente pelo casal e que, entre os projetos de comunhão de vida, incluiu o seu crescimento e desenvolvimento com a vinda da prole. Diante do princípio da paternidade responsável, tal projeto logicamente não deve se restringir à concepção e ao nascimento da criança, mas também à educação, à afetividade, ao amparo, à proteção e à total assistência — material e imaterial — da futura criança, e razões ou motivos que não se relacionem a tais aspectos provavelmente não podem ser considerados no âmbito do projeto parental, mas em projeto pessoal, individualista, egoístico, de pura satisfação narcísica.[38]

1.3 Filiação no novo Código Civil

O vocábulo "filiação" numa acepção estrita significa a relação que existe entre o filho e as pessoas que o geraram. Desde a antiguidade, a relação de filiação é o vínculo mais importante de união e aproximação das pessoas. A filiação constitui um liame inato, emanado da própria natureza, que nasce instintivamente e se prolonga ao longo da vida dos seres humanos.[39] É a opinião de Marcio Antonio Boscaro:

> As definições de filiação, encontradas nas obras dos principais civilistas brasileiros, convergem para a conclusão de que esta se refere à relação que une uma pessoa àquelas que a geraram.
>
> E também é opinião comum, entre os estudiosos da matéria, que não se pode dissociar o estudo da filiação de seus institutos correlatos, quais sejam a paternidade e a maternidade, já que o fato da procriação, necessariamente, une três pessoas: o filho e os seres que o geraram.[40]

---

[38] GAMA, Guilherme Calmon Nogueira. *A nova filiação*: o biodireito e as relações parentais. São Paulo; Rio de Janeiro: Renovar, 2003. p. 715.
[39] RIZZARDO, Arnaldo. *Direito de família*. 4. ed. Rio de Janeiro: Forense, 2006. p. 403.
[40] BOSCARO, Marcio Antonio. *Direito de filiação*. São Paulo: Revista dos Tribunais, 2002. p. 15.

A filiação é a relação que o fato da procriação estabelece entre duas pessoas, das quais uma é nascida da outra.[41] Para Maria Helena Diniz, a filiação é "o vínculo existente entre pais e filhos; vem a ser a relação de parentesco consanguíneo em linha reta de primeiro grau entre uma pessoa e aqueles que lhe deram a vida, podendo, ainda (CC, arts. 1.593 a 1.597 e 1.618), ser uma relação socioafetiva entre pai adotivo e institucional e filho adotado ou advindo de inseminação artificial heteróloga".[42]

Temos, portanto, três espécies de filiação. A filiação natural, isto é, a fundada em vínculos biológicos, isto é, os pais contribuíram com material genético para a concepção do filho. A filiação civil que decorre do instituto da adoção e a filiação artificial que decorre da reprodução artificial. A filiação civil e a filiação artificial são modalidades de filiação socioafetiva, isto é, a que compreende a relação de afeto.

A relação jurídica baseada no afeto se estabelece entre o filho de criação, quando comprovado o estado de filho afetivo (posse de estado de filho), na adoção judicial, na adoção brasileira, no reconhecimento voluntário ou judicial da paternidade ou maternidade, na reprodução assistida.[43]

1.3.1 Filiação matrimonial no novo Código Civil

O Código Civil de 1916 criava uma distinção entre filhos nascidos na constância do casamento, chamado de legítimos, e filhos nascidos de relações extramatrimoniais, designados ilegítimos. A ilegitimidade prevista no Código Civil de 1916 podia ser classificada em natural, se não houvesse impedimento ao matrimônio dos pais, ou em espúria se houvesse impedimento ao casamento dos pais, ilegitimidade esta que podia, ainda, ser subdividida em filiação adulterina ou incestuosa dependendo da modalidade de impedimento: o adultério ou o incesto. Filho espúrio significava filho que não podia ser reconhecido pelo pai ou mãe, pelas razões acima expostas.

---

[41] PEREIRA, Lafayette Rodrigues. *Direito de família*. Anotações e adaptações ao Código Civil por José Bonifácio de Andrade e Silva. Rio de Janeiro; São Paulo: Freitas Bastos, 1945. VII, p. 218.

[42] DINIZ, Maria Helena. *Curso de direito civil brasileiro*. 22. ed. rev. e atual. São Paulo: Saraiva, 2007. v. 5, p. 420. Direito de família.

[43] WELTER, Belmiro Pedro. *Igualdade entre as filiações biológica e socioafetiva*. São Paulo: Revista dos Tribunais, 2003. p. 148. Diga-se de passagem que a relação socioafetiva ainda necessita de uma disciplina legislativa mais efetiva, que a reconheça explicitamente, afora as hipóteses.

Conforme lição de Sílvio de Salvo Venosa,

> O Código Civil de 1916 centrava suas normas e dava proeminência à família legítima, isto é, aquela derivada do casamento, de justas núpcias. Elaborado em época histórica de valores essencialmente patriarcais e individualistas, o legislador do início do século passado marginalizou a família não provinda do casamento e simplesmente ignorou direitos dos filhos que proviessem de relações não matrimoniais, fechando os olhos a uma situação social que sempre existiu, especialmente em nosso país de miscigenação natural e incentivada.[44]

Ou, conforme lição de Maria Helena Diniz,

> A filiação não-matrimonial é a decorrente de relações extramatrimoniais, sendo que os filhos durante elas gerados classificam-se *didaticamente* em:
> 1. *Naturais*, se descenderem de pais entre os quais não havia nenhum impedimento matrimonial no momento em que foram concebidos.
> 2. *Espúrios*, se oriundos da união de homem e mulher entre os quais havia, por ocasião da concepção, impedimento matrimonial. Assim, são espúrios: a) os adulterinos, que nascem de casal impedido de casar em virtude de casamento anterior, resultando de um adultério. O filho adulterino pode resultar de duplo adultério, ou seja, de adulterinidade bilateral, se descender de homem casado e mulher casada; ou, ainda, de adulterinidade unilateral, se gerado por homem casado e mulher livre ou solteira, caso em que é adulterino a patre, ou por homem livre ou solteiro e mulher casada, sendo, então, adulterino a matre; os provenientes de genitor separado não são adulterinos, mas simplesmente naturais; b) os incestuosos, nascidos de homem e de mulher que, ante parentesco natural, civil ou afim, não podiam convolar núpcias à época de sua concepção.
> Hoje, juridicamente, só se pode falar em filiação matrimonial e não-matrimonial; vedadas estão, portanto, quaisquer discriminações.[45]

A filiação dita legítima tinha por fundamento o casamento dos pais, quando da concepção. Hoje estas distinções não são mais

---

[44] VENOSA, Sílvio de Salvo. *Direito civil*. 6. ed. São Paulo: Atlas, 2006. v. 6, p. 228. Direito de família.
[45] DINIZ, Maria Helena. *Curso de direito civil brasileiro*. 22. ed. rev. e atual. São Paulo: Saraiva, 2007. v. 5, p. 444. Direito de família.

permitidas e a lei possibilita o reconhecimento de filho, não obstante os pais estejam impedidos de casar.[46]

Embora a Constituição proíba designações discriminatórias, a filiação matrimonial "se origina na constância do casamento dos pais, ainda que anulado ou nulo" (CC, arts. 1.561 e 1.617).[47] Portanto, a filiação matrimonial pressupõe o casamento entre os genitores, o nascimento provindo da mulher e a concepção por obra do pai durante o matrimônio.

A filiação matrimonial é espécie de filiação biológica, isto é, aquela em que houve o fornecimento de material biológico para a concepção a partir da cópula, pois uma das finalidades do casamento é a procriação dos filhos, embora esta não seja da essência do casamento.[48]

---

[46] Muitos avanços ocorreram através dos tempos e segundo Arnaldo Rizzardo (*op. cit.*, p. 405-406) se iniciaram com a Lei nº 4.737, de 27.09.1942, cujo art. 1º permitiu o reconhecimento do filho havido fora do casamento depois do então desquite. A Lei nº 883, de 27.10.1949, assegurou, em seu art. 1º, não apenas o reconhecimento por qualquer dos pais, uma vez ocorrida a dissolução da sociedade conjugal, mas também pelo filho, por meio de ação declaratória própria. Depois, a Lei nº 6.515/77, no art. 51, acrescentou o parágrafo único ao art. 1º da Lei nº 883, que permitiu o reconhecimento do filho havido fora do matrimônio, ainda na vigência do casamento, em testamento cerrado aprovado antes ou depois do nascimento do filho. O art. 51 da Lei nº 6.515/77 também introduziu a igualdade hereditária entre filhos legítimos e ilegítimos, natural, espúrio ou incestuoso. Por derradeiro, antes da Constituição Federal de 1988, a Lei nº 7.250 de 14.11.1989 que permitiu o reconhecimento do filho havido fora do matrimônio pelo cônjuge separado de fato há mais de cinco anos contínuos.

[47] DINIZ, Maria Helena. *Curso de direito civil brasileiro*. 22. ed. rev. e atual. São Paulo: Saraiva. 2007. v. 5, p. 424. Direito de família.

[48] DINIZ, Maria Helena. *Curso de direito civil brasileiro*. 22. ed. rev. e atual. São Paulo: Saraiva, 2007. v. 5, p. 36. Direito de família. De acordo com a citada autora, dentre os fins do matrimônio temos: a) A *instituição da família matrimonial*, que é, segundo a expressão de Besselaar, uma unidade originada pelo casamento e pelas interrelações existentes entre marido e mulher e entre pais e filhos (CC, art. 1.513). b) A *procriação dos filhos*, que é uma consequência lógico-natural e não essencial do matrimônio (CF/88, art. 226, §7º; Lei nº 9.263/96). A falta de filhos não afeta o casamento, uma vez que não são raros os casais sem filhos. A lei permite uniões de pessoas que, pela idade avançada ou por questões de saúde, não tem condições de procriar. Se se aceitar a procriação como fim essencial do casamento, ter-se-á de anular todos os matrimônios de que não advenha prole, o que perturbaria a estabilidade e a segurança do lar. Mas, esclarece Orlando Gomes, a norma, por outro lado, requer a aptidão física dos nubentes, já que só permite o casamento dos púberes e admite sua anulação se um dos cônjuges for impotente para a prática do ato sexual. c) A *legalização das relações sexuais* entre os cônjuges, pois dentro do casamento a satisfação do desejo sexual, que é normal e inerente à natureza humana, apazigua a concupiscência; a aproximação dos sexos e o convívio natural entre marido e mulher desenvolvem sentimentos afetivos recíprocos. Com muita propriedade, pondera Domingos Sávio Brandão Lima, a comunicação sexual dos cônjuges é o prazer, a comparticipação, prólogo e seguimento de uma vida a dois, plenificação suprema de dois seres que se necessitam, interação dinâmica entre marido e mulher, pois casamento é o amor. d) A *prestação do auxílio mútuo*, que é corolário do convívio entre os cônjuges. O matrimônio é uma união entre marido e mulher para enfrentar a realidade e as expectativas da vida em constante mutação; há, então, um complemento de duas personalidades reciprocamente atraídas pela força do sentimento e do instinto que se ajudam mutuamente, estabelecendo-se entre eles uma comunhão de vida e de interesses tanto na dor como na alegria. e) O *estabelecimento de deveres patrimoniais* ou não entre os cônjuges, como consequência necessária desse auxílio mútuo e recíproco. f) A *educação da prole*, pois no matrimônio não existe apenas o dever de gerar filhos, mas também de criá-los e educá-los para a vida, impondo aos pais a obrigação de lhes dar assistência

Do matrimônio em algumas situações decorre a presunção de paternidade designada pelo adágio *pater is est quem nupciam demonstratum*, abreviada na fórmula *pater is est*, entre elas, o nascimento do filho depois de cento e oitenta dias do estabelecimento da sociedade conjugal ou até trezentos dias depois da dissolução da sociedade conjugal por morte, separação ou anulação (CC, art. 1.597, I e II). Na primeira hipótese — filho nascido depois de cento e oitenta dias do estabelecimento da sociedade conjugal — este é prazo mínimo previsto pela lei para a gestação. Na segunda hipótese — filho nascido até trezentos dias depois da dissolução da sociedade conjugal — este é o prazo máximo previsto em lei para a duração da gestação. Se a mulher contrair novas núpcias antes dos trezentos dias subsequentes à dissolução da sociedade conjugal e lhe nascer algum filho dentro dos trezentos dias a contar da data da dissolução da sociedade conjugal, a paternidade será do primeiro cônjuge; se lhe nascer algum filho após os trezentos dias e já decorrido o prazo de cento e oitenta dias, a paternidade será do segundo cônjuge (CC, art. 1.598).

Além dessas hipóteses, que foram repetidas do Código Civil de 1916, o novo Código Civil previu outras, que se tornaram viáveis graças ao desenvolvimento de técnicas de reprodução assistida, isto é, *conjunto de operações para unir, artificialmente, os gametas feminino e masculino* [49] entre elas, a "ectogênese ou fertilização *in vitro* que se concretiza pelo método ZIFT (Zibot Intra Fallopian Transfer), que consiste na retirada de óvulo da mulher para fecundá-lo na proveta, com sêmen do marido ou de outro homem, para depois introduzir o embrião no seu útero ou no de outra" ou "inseminação artificial, que se processa mediante o método GIFT (Gametha Intra Fallopian Transfer), referindo-se à fecundação *in vivo*, ou seja, a inoculação do sêmen na mulher, sem que haja qualquer manipulação externa de óvulo ou de embrião".[50] O novo Código Civil no art. 1.597, nos incisos III, IV e V, prevê hipóteses outras de presunção de paternidade relativas aos filhos nascidos por reprodução assistida, ou

---
(CC, art. 1.634, e Lei nº 8.069/90, art. 22). g) *A atribuição do nome* ao cônjuge (CC, art. 1.565, §1º) e aos filhos; a reparação de erros do passado recente ou não; a regularização de relações econômicas; a legalização de estados de fato.

[49] DINIZ, Maria Helena. *O estado atual do biodireito*. 3. ed. atual. conforme o novo Código Civil. São Paulo: Saraiva, 2006. p. 551.

[50] DINIZ, Maria Helena. *O estado atual do biodireito*. 3. ed. atual. conforme o novo Código Civil. São Paulo: Saraiva, 2006. p. 552.

seja: III – havidos por fecundação artificial homóloga, mesmo que falecido o marido; IV – havidos, a qualquer tempo, quando se tratar de embriões excedentários, decorrente de concepção artificial homóloga; V – havidos por inseminação artificial heteróloga, desde que tenha prévia autorização do marido.

A hipótese descrita no inciso III havidos por fecundação artificial homóloga, mesmo que falecido o marido — foi prevista, segundo Maria Helena Diniz, para solucionar as questões jurídicas que esta modalidade de fecundação levantava na vigência do Código Civil de 1916, pois, segundo ela, *"de lege lata*, o inseminado *post mortem* seria filho extramatrimonial e somente da mãe". De acordo com o Enunciado nº 106 do Conselho da Justiça Federal, aprovado nas Jornadas de Direito Civil de 2002, "para que seja presumida a paternidade do marido falecido, será obrigatório que a mulher, ao se submeter a uma das técnicas de reprodução assistida com o material genético do falecido, esteja na condição de viúva, sendo obrigatório, ainda, que haja autorização escrita do marido para que se utilize seu material genético após sua morte".[51]

Esta presunção é relativa e não absoluta. Admite prova em contrário. A negativa da paternidade é pretensão atribuída com exclusividade ao marido (CC, art. 1.601). A causa de pedir — fundamentos de fato e de direito — é limitada ao adultério da mulher, à impossibilidade física do homem coabitar com a mulher, à impotência para procriar (*impotencia generandi*) (CC, art. 1.599).

O novo Código Civil, na linha do Código anterior, com o propósito de resguardar o matrimônio não aceitou como provas suficientes para ilidir a presunção de paternidade (CC, arts. 1.600 e 1602), nem a prova de adultério da mulher nem a confissão da mulher.

A ação negatória de paternidade, no entanto, passou a ser imprescritível (CC, art. 1.601).

Assim é possível classificar os filhos em matrimoniais ou extramatrimoniais a partir da existência ou da inexistência do casamento entre os pais. A filiação matrimonial se estabelece pelo fato jurídico do parto e nascimento com vida da criança com relação à linha materna e a incidência da presunção legal da paternidade com relação ao marido da parturiente, enquanto a filiação extramatrimonial se estabelece pelo fato jurídico do parto e nascimento

---

[51] DINIZ, Maria Helena. *Curso de direito civil brasileiro*. 22. ed. rev. e atual. São Paulo: Saraiva. 2007. v. 5, p. 428. Direito de família.

com vida com relação à linha materna, mas depende ou do reconhecimento espontâneo ou judicial no que diz respeito à linha paterna.[52]

---

[52] GAMA, Guilherme Calmon Nogueira da. *A nova filiação*: o biodireito e as relações parentais. Rio de Janeiro; São Paulo: Renovar, 2003. p. 470: "Desse modo, deve ser considerada a classificação que leva em conta o critério da existência (ou não) do casamento entre os seus pais, para fins de designá-los de: a) filhos matrimoniais; b) filhos extramatrimoniais. Há, portanto, duas categorias de filhos no sistema jurídico brasileiro, com o elemento discriminatório — razoável e justificável — do casamento. Com efeito, a filiação matrimonial se estabelece fundamentalmente pelo fato jurídico do parto (e nascimento com vida) da criança relativamente ao marido da parturiente. Daí a consideração do princípio da indivisibilidade da filiação matrimonial. A filiação extramatrimonial, por sua vez, também se estabelece pelo parto em regra quanto à linha materna, mas depende do reconhecimento espontâneo ou judicial no que tange à linha paterna — diante da falta de presunção legal a respeito de tal paternidade. Ao contrário da filiação matrimonial, vigora o princípio da divisibilidade da filiação matrimonial. Como já foi analisado, não houve o desaparecimento do instituto da matrimonialização no bojo do Código Civil de 1916 — antiga legitimação — e, dentro desse contexto, também continua relevante distinguir os filhos extramatrimoniais cujos pais têm (ou não) impedimento para o casamento entre eles, porquanto a matrimonialização somente seria possível em relação àqueles filhos cujos pais não sofria impedimento para o casamento — e, portanto, estavam livres e desimpedidos para contraírem casamento. Assim, no contexto dos filhos extramatrimoniais deve ser considerada a subdivisão entre filhos matrimonializáveis e filhos não-matrimonializáveis. Repita-se que a diferença é relevante apenas para fins de observância de critérios de reconhecimento formal da paternidade-filiação ou maternidade-filiação, não é possível qualquer distinção, nos termos da absoluta igualdade de direitos entre os filhos, independentemente do tipo de vínculo (ou de sua ausência) existente entre os pais".

Capítulo 2

Inseminação Artificial Heteróloga

Sumário: 2.1 Considerações gerais – 2.2 Conceito de inseminação artificial – 2.3 Problemática jurídica – 2.4 Princípios da inseminação artificial

2.1 Considerações gerais

A procriação natural depende da fertilidade humana, isto é, a capacidade fisiológica de o ser humano reproduzir-se. A antítese da fertilidade é a esterilidade, incapacidade que impede duas pessoas de conceberem outro ser humano e pode resultar numa crise existencial e do casal.

A impossibilidade de procriar naturalmente pode ser minorada pelo recurso ao instituto da adoção, que durante muito tempo serviu de meio de suprir a carência gerada pela impossibilidade de ter filhos. A adoção é o ato jurídico solene pelo qual alguém recebe em sua família, na qualidade de filho, pessoa a ela estranha.[53] Cuida-se de um instituto que cria um vínculo fictício de paternidade ou maternidade e filiação. De acordo com Maria Helena Diniz,

> A adoção vem a ser o ato jurídico solene pelo qual, observados os requisitos legais, alguém estabelece, independentemente de qualquer relação de parentesco consangüíneo ou afim, um vínculo fictício de filiação, trazendo para sua família, na condição de filho, pessoa que, geralmente, lhe é estranha. Dá origem, portanto, a uma relação jurídica de parentesco civil entre adotante e adotado. É uma ficção legal que possibilita que se constitua entre o adotante e o adotado um laço de parentesco de 1º grau na linha reta.

---

[53] GONÇALVES, Carlos Roberto. *Direito civil brasileiro*. São Paulo: Saraiva, 2005. v. 6, p. 328. Direito de família.

A adoção é, portanto, um vínculo de parentesco civil, em linha reta, estabelecendo entre adotante, ou adotantes, e o adotado um liame legal de paternidade e filiação civil. Tal posição de filho será definitiva ou irrevogável, para todos os efeitos legais, uma vez que desliga o adotado de qualquer vínculo com os pais de sangue, salvo os impedimentos para o casamento (CF, art. 227, §§5º e 6º), criando verdadeiros laços de parentesco entre o adotado e a família do adotante (CC, art. 1.626).

Como se vê, é uma medida de proteção e uma instituição de caráter humanitário, que tem por um lado, por escopo, dar filhos àqueles a quem a natureza negou e por outro lado uma finalidade assistencial, constituindo um meio de melhorar a condição moral e material do adotado.[54]

A origem remota da adoção aponta-a como solução para a necessidade de dar continuidade à família, no caso de pessoas sem filhos. De acordo com Carlos Roberto Gonçalves,

> Fustel de Coulanges mostra a adoção como forma de perpetuar o culto familiar. Aquele cuja sua família se extingue não terá quem lhe cultue a memória e a de seus ancestrais. Assim, a mesma religião que obrigava o homem a casar-se para ter filhos que cultuassem a memória dos antepassados comuns, a mesma religião que impunha o divórcio em caso de esterilidade e que substituía o marido impotente, no leito conjugal, por um seu parente capaz de ter filhos, vinha oferecer, por meio da adoção, um último recurso para evitar a desgraça tão temida da extinção pela morte sem descendentes: esse recurso era o direito de adotar.
>
> Há notícia, nos Códigos Hamurábi e de Manu, da utilização da adoção entre os povos orientais. Na Grécia, ela chegou a desempenhar relevante função social e política. Todavia, foi no direito romano, em que encontrou disciplina e ordenamento sistemático, que ela se expandiu de maneira notória. Na Idade Média, caiu em desuso, sendo ignorada pelo direito canônico, tendo em vista que a família cristã repousa no sacramento do matrimônio. Foi retirada do esquecimento pelo Código de Napoleão de 1804, tendo-se irradiado para quase todas as legislações modernas.

---

[54] DINIZ, Maria Helena. *Curso de direito civil brasileiro*. 22. ed. rev. e atual. São Paulo: Saraiva, 2007. v. 5, p. 483-484. Direito de família.

No Brasil, o direito pré-codificado, embora não tivesse sistematizado o instituto da adoção, fazia-lhe, no entanto, especialmente as Ordenações Filipinas, numerosas referências, permitindo, assim, a sua utilização. A falta de regulamentação obrigava, porém, os juízes a suprir a lacuna com o direito romano, interpretado e modificado pelo uso moderno.

O Código Civil de 1916 disciplinou a adoção com base nos princípios romanos, como instituição destinada a proporcionar a continuidade da família, dando aos casais estéreis os filhos que a natureza lhes negara. Por essa razão, a adoção só era permitida aos maiores de 50 anos, sem prole legítima ou legitimada, pressupondo-se que, nessa idade, era grande a probabilidade de não virem a tê-la.

Com a evolução do instituto da adoção, passou a ela a desempenhar parte de inegável importância, transformando-se em instituto filantrópico, de caráter acentuadamente humanitário, destinado não apenas a dar filhos a casais impossibilitados pela natureza de tê-los, mas também a possibilitar que um maior número de menores desamparados, sendo adotado, pudesse ter em um novo lar. Essa modificação nos fins e na aplicação do instituto ocorreu com a entrada em vigor da Lei n. 3133, de 8 de maio de 1957, que permitiu a adoção por pessoas de 30 anos de idade, tivessem ou não prole natural. Mudou-se o enfoque: "O legislador não teve em mente remediar a esterilidade, mas sim facilitar as adoções, possibilitando que um maior número de pessoas, sendo adotado, experimentasse melhoria em sua condição moral e material".[55]

Contudo, o avanço da ciência médica na área reprodutiva provocou alterações na classificação da filiação, pois a concepção de um ser humano passou a não depender exclusivamente da cópula entre um homem e uma mulher. Com os recursos da biotecnologia, a concepção de um novo ser humano pode ser processada de forma assexuada, com a manipulação do material genético. Conforme magistério de Sergio Ferraz, "da admissão da emissão de gametas fora dos processos naturais de fecundação decorre a necessidade de exame de temática da inseminação artificial".[56]

---

[55] GONÇALVES, Carlos Roberto. *Direito civil brasileiro*. São Paulo: Saraiva, 2005. v. 6, p. 331. Direito de família.

[56] FERRAZ, Sergio. *Manipulações biológicas e princípios constitucionais*: uma introdução. Porto Alegre: Sergio Antonio Fabris, 1991. p. 44. Para o citado autor, "em 26.7.78, o nascimento, na Inglaterra, de uma menina, pela chamada concepção homóloga '*in vitro*', e posterior implante do embrião no útero materno, introduziu no mundo jurídico a preocupação com as questões da inseminação

Como meio de combater a incapacidade para procriar, causada pela infertilidade[57] ou algum tipo de esterilidade, que pode dar origem a diversos problemas psicológicos ou relacionais, que afetam a convivência pacífica do homem ou da mulher, surgiram técnicas de procriação assistida, como a inseminação artificial, a fecundação *in vitro*, a transferência de embriões, que se apresentam como alternativa para substituir a reprodução clássica e tornaram realidade o velho ideal do homem de criar um ser vivo e vencer a infecundidade.[58]

O nascimento do primeiro bebê proveta, Louisa Brown, ocorreu em 25 de julho de 1978, na Inglaterra, e deu esperança aos casais inférteis. De lá para cá, a ciência genética evoluiu e diversas técnicas surgiram, mas nem todas receberam aprovação, pois algumas foram condenadas como: a) criação de indivíduos geneticamente idênticos por clonagem ou outros processos; b) transferência de embriões humanos para o útero de outra espécie ou vice-versa; c) cruzamento entre o reino humano e o reino animal ou vegetal; d) experimentação em embriões humanos que não seja em seu benefício; e) criação de embriões humanos exclusivamente para investigação; f) transferência para o útero de uma mulher de um embrião que tenha sido objeto de experimentação; g) recurso a mães portadoras.[59]

Surge uma nova ciência: a biogenética que enquanto fato social precisa ser normatizada, originando o biodireito.

2.2 Conceito de inseminação artificial

A reprodução humana assistida, na definição de Maria Helena Diniz, representa o conjunto de operações para unir, artificialmente, os gametas feminino e masculino, dando origem a um ser humano, pelos métodos ZIFT e GIFT. O primeiro — método ZIFT (Zibot Intra Fallopian Transfer) — consiste na retirada de óvulo da mulher para fecundá-lo na proveta, com sêmen do marido ou de outro homem, para depois introduzir o embrião no seu útero ou no de outra,

---

artificial, tornando concretas as indagações em vigor potencialmente existentes desde que, anos antes, a ciência tornara possível o congelamento do sêmen, sem perda de sua capacidade fecundante".

[57] DIAS, João Álvaro. *Procriação assistida e responsabilidade médica*. Coimbra: Coimbra Ed., 1996, anota que "o problema da infertilidade de numerosos casais, desejosos de ter filhos, tornou-se em todo o mundo civilizado um problema muito sério. Dos casais em idade reprodutiva 15% têm dificuldades em o conseguirem".

[58] JUNQUERA DE ESTÉFANI, Rafael. *Reproducción asistida, filosofía ética y filosofía jurídica*. Madrid: Tecnos, 1998. p. 17-18.

[59] BARBAS, Stela Marcos de Almeida Neves. *Direito ao patrimônio genético*. Coimbra: Almedina, 1998. p. 40-41.

enquanto o segundo — método GIFT (Gametha Intra Fallopian Transfer) — consiste na inoculação do sêmen na mulher sem que haja qualquer manipulação externa de óvulo ou de embrião.[60]

A reprodução assistida recorre a duas técnicas: a inseminação artificial (IA) que recolhe o sêmen e o introduz no interior da mulher, favorecendo a fecundação e a fecundação *in vitro* (FIV) que recolhe os gametas masculinos e femininos isoladamente, realiza a fecundação no laboratório e transfere o embrião para o útero.

Como dito acima, o método GIFT (Gametha Intra Fallopian Transfer) consiste na inoculação do sêmen na mulher sem que haja qualquer manipulação externa de óvulo ou de embrião. De acordo com a lição de Maria Helena Diniz haverá inseminação artificial quando o casal não puder procriar por obstáculos na união dos elementos fertilizantes pelo ato sexual, como esterilidade, deficiência na ejaculação, malformação congênita, pseudo-hermafroditismo, escassez de espermatozoides.[61] A inseminação artificial promove por manipulação a inoculação do sêmen na mulher porque isso não é possível pelos meios naturais. Cuida-se, portanto, de uma intervenção médica para depositar o sêmen na vagina, no colo uterino ou no interior da cavidade do útero, que pode realizar-se de diversas formas, dando lugar a outras tantas classes de inseminação artificial.[62]

A inseminação artificial é o gênero, cujas espécies são a homóloga "se o sêmen inoculado na mulher for do próprio marido ou companheiro" e a heteróloga "se o material fecundante for de terceiro, que é o doador".[63]

Ensina-nos Arnaldo Rizzardo, firme na lição de Mônica Sartori Scarparo, que a técnica da inseminação artificial homóloga consiste em ser a mulher inseminada com o esperma do marido ou companheiro, previamente colhido. O líquido seminal é injetado na cavidade

---

[60] DINIZ, Maria Helena. *O estado atual do biodireito*. 3. ed. atual. conforme o novo Código Civil. São Paulo: Saraiva, 2006. p. 552.
[61] DINIZ, Maria Helena. *O estado atual do biodireito*. 3. ed. atual. conforme o novo Código Civil. São Paulo: Saraiva, 2006. p. 556.
[62] JUNQUERA DE ESTÉFANI, Rafael. *Reproducción asistida, filosofia ética y filosofia jurídica*. Madrid: Tecnos, 1998. p. 34. De acordo com este autor, se atentarmos para o sêmen empregado podemos distinguir inseminação artificial com sêmen total, com espermatozoides sem plasma seminal, com sêmen fresco ou com sêmen congelado. Se atentarmos para o local onde se deposita o sêmen com o sêmen do marido ou membro do casal ou com o sêmen de doador. Se nos fixamos no ciclo em que se efetua pode ser: espontâneo ou estimulado, segundo exista estimulação do ovário da mulher ou não.
[63] DINIZ, Maria Helena. *O estado atual do biodireito*. 3. ed. atual. conforme o novo Código Civil. São Paulo: Saraiva, 2006. p. 556. A citada autora esclarece, em nota de rodapé, que a "primeira inseminação artificial heteróloga ocorreu em 1884, na Filadélfia, sendo que a homóloga foi obtida por Hunter, na Inglaterra, em 1799."

uterina ou no canal cervical da mulher, na época em que o óvulo se encontra apto a ser utilizado. Recomenda-se a inseminação artificial homóloga nos casos de incompatibilidade ou a hostilidade do muco cervical; a oligospermia, quando é baixo o número ou reduzida a motilidade dos espermatozoides; e a retroejaculação, quando, embora a taxa de espermatozoides seja normal, eles ficam retidos na bexiga, ao contrário do que ocorre na ejaculação normal.[64]

A técnica de inseminação artificial heteróloga é idêntica à da modalidade anterior, só que se recorre ao líquido seminal de um doador fértil, selecionado entre os doadores de um banco de sêmen com as mesmas características do casal: grupo sanguíneo, cor da pele, dos olhos e estatura.

2.3 Problemática jurídica

As técnicas de reprodução artificial suscitam problemas ético-jurídicos.

Para Maria Helena Diniz, a reprodução artificial homóloga não fere princípios jurídicos, embora possa acarretar alguns problemas ético-jurídicos, entre eles se a coleta do material e sua utilização depende de anuência expressa dos interessados, ligados pelo matrimônio ou união estável, uma vez que têm propriedade das partes destacadas de seu corpo, como sêmen e óvulo; logo deverão estar vivos, por ocasião da inseminação, manifestando sua vontade, após prévio esclarecimento do processo a que se submeterão. E se o marido falecer antes da inseminação? A clínica de reprodução humana assistida, depositária da célula germinal congelada, deveria entregá-la à viúva? Esta poderia obrigar a clínica a inseminá-la? Que direitos teria a viúva do depositante sobre o seu material fertilizante? Autorizar sua inseminação não seria violar o direito do morto, uma vez que a paternidade deve ser desejada e não imposta? Poder-se-ia impor ao depositante, no além-túmulo, uma paternidade involuntária? A vontade poderia criar a paternidade póstuma? Haveria possibilidade de o marido impugnar a paternidade se anuiu na inseminação artificial homóloga?[65]

---

[64] RIZZARDO, Arnaldo. *Direito de família*. 4. ed. Rio de Janeiro: Forense, 2006. p. 510.

[65] DINIZ, Maria Helena. *O estado atual do biodireito*. 3. ed. atual. conforme o novo Código Civil. São Paulo: Saraiva, 2006. p. 559.

A reprodução artificial heteróloga, por sua vez, suscita diversos problemas jurídicos, morais e religiosos,[66] carentes ainda de solução adequada. Esta técnica pode causar desequilíbrio na estrutura básica do matrimônio, por contrariá-la no que atina ao pressuposto biológico da concepção, que advém do ato sexual entre pai e mãe; levanta dúvida se o homem pode dispor livremente dos seus componentes genéticos caso seja casado ou viva em união estável; a ausência de consentimento do marido na realização da inseminação artificial pode justificar pedido de separação judicial por configurar injúria grave? O arrependimento do marido após realização da fecundação artificial, sugerindo o aborto, ou depois do nascimento, gerando infanticídio, rejeição, abandono ou maus-tratos; a impugnação da paternidade pelo marido de sua mãe conduzirá o filho a uma paternidade incerta, pela impossibilidade de se a estabelecer, devido ao segredo profissional médico e ao anonimato do doador do sêmen inoculado na mulher; rejeição do consorte masculino em relação ao filho do doador e do filho em relação ao suposto pai, se vier a descobrir a inexistência da paternidade alegada; negação ao filho do direito à identidade genética, pois o doador ficará incógnito; eventualidade de o doador reclamar judicialmente sua paternidade, se, saindo do anonimato e conhecendo a destinatária de seu sêmen, pretender reconhecer como seu o filho; possibilidade de haver conflito de paternidade, pois a criança terá dois pais, um jurídico e outro genético.[67]

De acordo com a lição de Fernando Araújo

> A doação de esperma por terceiro pode, em contrapartida, suscitar inúmeros problemas, a ponto de ter levado ao entendimento comum, e aparentemente pacífico, de que deve ser sempre considerada uma solução sucedânea, não apenas no caso da inseminação artificial como no caso da fecundação *in vitro*. Esses problemas são novamente

---

[66] Maria Celeste Cordeiro Leite dos Santos (*Imaculada concepção*: nascendo *in vitro* e morrendo *in machina*: aspectos históricos e bioéticos da procriação humana assistida no direito penal comparado. São Paulo: Acadêmica, 1993. p. 58), informa-nos que "a doutrina católica entende que: O recurso aos gametas de terceira pessoa constitui uma violação do compromisso recíproco dos esposos. É falta grave contra aquela propriedade essencial do matrimônio que é a sua unidade. Além disso a fecundação heteróloga lesa direitos do filho, privando-o da relação filial com um dos seus genitores — o que pode prejudicar o amadurecimento da identidade pessoal da prole. Observe-se ainda que a alteração das relações pessoais dentro da família repercute na sociedade civil. Por razões ainda mais imperiosas, entende-se que a fecundação artificial de uma mulher não casada — solteira ou viúva — seja quem for o doador, não pode ser justificada no plano moral. Congregação para a Doutrina da Fé: O Dom da Vida — Resposta a questões de Bioética. In: Pergunte e Responderemos 302/1987, p. 306".

[67] Problemas tirados daqueles apresentados por Maria Helena Diniz (*O estado atual do biodireito*. 3. ed. atual. conforme o novo Código Civil. São Paulo: Saraiva, 2006. p. 560-569).

os da possibilidade de transmissão de doenças, com a inerente responsabilidade médica; os relacionados com certos traços da identidade do doador — podendo, por exemplo, ser relevante para a situação o conhecimento da raça do doador, ainda que para lá da mera identificação desses traços de identidade subsista o anonimato —; e uma panóplia de complicações, quer a nível jurídico-familiar (uma inseminação por um terceiro não consentida pelo marido constituirá adultério? Se constituir, considerar-se-á cúmplice o dador? E se este já tiver morrido no momento da inseminação? Serão cúmplices o médico ou médica?), quer mesmo a nível obrigacional ou até penal (bastando imaginar-se dois casos: um em que, consumada a inseminação, o dador deveria ter sido remunerado e não foi, outro em que o dador consegue ocultar ao casal a doença genética ou contagiosa de que é portador, iludindo a própria vigilância médica).[68]

Além disso, o Código Civil, por exemplo, não disciplina os efeitos da reprodução artificial heteróloga na união estável. Portanto, cumpre questionar como estabelecer a paternidade no caso de reprodução artificial heteróloga realizada por casal que convive em união estável? Nesses casos não haveria presunção de paternidade, nem mesmo a derivada de autorização exigida pelo procedimento médico, conforme determina a Resolução nº 1.358 do Conselho Federal de Medicina. Segundo lição de Heloísa Helena Barboza: "não há, insista-se, presunção de paternidade. Na ausência de disciplina legal sobre a matéria, não seria razoável atribuir-se força de reconhecimento a essa autorização exigida para o procedimento médico".[69]

Outro problema, já analisado, é se haveria um direito à procriação artificial por mulher não casada, não convivente, solteira, viúva, separada judicialmente ou divorciada, de modo que ela poderia recorrer a um banco de sêmen, caso em que seria impossível estabelecer a paternidade em decorrência do anonimato do doador. Heloísa Helena Barboza nega à mulher solteira ou viúva o recurso a esta técnica.[70]

Para o estudo dos problemas jurídicos ligados ao estabelecimento da paternidade que a reprodução artificial heteróloga pode suscitar, o método adotado (ZIFT ou GIFT) mostra-se indiferente.

---

[68] ARAÚJO. Fernando. *A procriação assistida e o problema da santidade da vida*. Coimbra: Almedina, 1999. p. 42-43.
[69] BARBOZA, Heloísa Helena. Direito à procriação e às técnicas de reprodução assistida. *In*: LEITE, Eduardo Oliveira (Coord.). *Grandes temas da atualidade*: bioética e biodireito. Rio de Janeiro: Forense, 2004. p. 165.
[70] BARBOZA, Heloísa Helena. Direito à procriação e às técnicas de reprodução assistida. *In*: LEITE, Eduardo Oliveira (Coord.). *Grandes temas da atualidade*: bioética e biodireito. Rio de Janeiro: Forense, 2004. p. 166.

A título de ordenação dos trabalhos, procuraremos sistematizar os problemas que orientarão nossa reflexão jurídica:

Ao lado de um inegável direito ou liberdade de procriação natural, afirmado nas páginas anteriores, dotado de inerência à condição humana (enquanto expressão do direito de constituir família — Declaração dos Direitos Universais do Homem, art. 16 — e da reserva da intimidade da vida privada e familiar na justificação de uma tutela constitucional da prática de relações sexuais) existe como consequência de um direito ou uma liberdade de recusar a procriação natural, o direito de recorrer à reprodução assistida incondicionalmente?

As técnicas de reprodução assistida devem beneficiar mulheres solteiras e casais homossexuais?

Existem interesses e direitos em favor do que está para ser concebido pelo recurso a técnicas de reprodução assistida que devem ser preservados em detrimento dos interesses e direitos dos que recorrem a essa técnica?

Qual o fundamento jurídico para sustentar o vínculo de paternidade numa reprodução assistida pelo recurso a inseminação artificial heteróloga?

O doador do sêmen pode ser apontado como pai biológico do ser concebido pelo recurso a inseminação artificial heteróloga?

O concebido por inseminação artificial heteróloga pode desconstituir a paternidade estabelecida e propor ação de investigação de paternidade contra o doador do sêmen?

2.4 Princípios da inseminação artificial

Alguns princípios informam o recurso à técnica da inseminação artificial. O primeiro é o direito reconhecido à criança de ter uma família estável com uma dupla figura de genitores, o que reserva o recurso dessa técnica aos casais ou aos conviventes.

O segundo princípio é o da necessidade terapêutica, critério geral de admissibilidade do tratamento de inseminação artificial, destinado a superar problemas decorrentes de situações de infertilidade ou de doenças graves transmissíveis geneticamente, hipóteses que justificariam o recurso a essas técnicas.

Capítulo 3

Pressupostos para o Recurso ao Processo de Reprodução Assistida Heteróloga

Sumário: **3.1** Pressuposto finalístico: interesses a que servem o direito à reprodução artificial – **3.2** Pressupostos subjetivos: quem pode recorrer à técnica de reprodução assistida heteróloga – **3.3** Pressupostos formalísticos: exigências formais que devem ser observadas para que ocorra a técnica de reprodução assistida heteróloga – **3.3.1** Informações adequadas – **3.3.2** Consentimento do marido ou do convivente – **3.4** Clínicas ou serviços especializados – **3.5** Os doadores – **3.6** Consequências jurídicas do sigilo profissional e do anonimato do doador

3.1 Pressuposto finalístico: interesses a que servem o direito à reprodução artificial

O problema a ser discutido, apontado em páginas anteriores, é se ao lado de uma inegável liberdade de procriação natural, inerente à condição humana (enquanto expressão do direito de constituir família — Declaração dos Direitos Universais do Homem, art. 16 — e da reserva da intimidade da vida privada e familiar na justificação de uma tutela constitucional da prática de relações sexuais) haveria, como consequência de uma liberdade de recusar a procriação natural, o direito a recorrer à reprodução assistida incondicionalmente? Em outras palavras, existe um direito à reprodução artificial?

A possibilidade de procriar naturalmente é uma potência. Isto é, a natureza dota o ser humano da capacidade de reproduzir, se cooperar com a outra espécie do gênero humano. Esta potência se traduz numa faculdade. Ninguém pode ser compelido contra sua vontade a procriar; mesmo na sociedade conjugal instaurada pelo matrimônio, que coloca a procriação como um dos fins legítimos, a recusa de cooperação de um dos cônjuges resulta na dissolução da sociedade conjugal por culpa ou por falência.

É certo que se reconhece à pessoa o direito a contracepção, isto é, a possibilidade de adotar medidas lícitas de prevenir e evitar a concepção. Mas haveria um direito a procriar pelo emprego das técnicas de reprodução assistida?

Para alguns, a possibilidade de uso das técnicas de reprodução assistida fundamentaria um direito à procriação artificial, como meio alternativo de reprodução, o que implicaria na faculdade de a pessoa ou de o casal escolher quando e como procriar, isto é, de modo natural ou artificial. Desta forma, a pessoa ou o casal fértil poderia recorrer ao uso de técnicas de reprodução assistida motivada por outros interesses.[71]

Para Carlos Roberto Gonçalves, a lei ao referir-se à inseminação artificial heteróloga não exige a prova de esterilidade do marido ou que ele não possa procriar por qualquer razão; contenta-se apenas com a prévia autorização do marido para a utilização de sêmen alheio.[72]

Os que sustentam este ponto de vista levam em conta a possibilidade de alargar o número de direitos fundamentais. Gianni Baldini, citado por Adriana Alice Zanolini, afirma:

> Considerar a procriação como função essencial e fundamental para a realização da personalidade do indivíduo implica admitir que a liberdade de escolha do sujeito de onde, quanto e quando exercitar tal função constitui um direito inviolável e personalíssimo, a prescindir dos instrumentos ou da forma utilizada (qual o modo) para a sua concreta realização.[73]

Para outros, o direito à reprodução assistida é manifestação do direito à proteção da saúde, de modo que o recurso a tais técnicas limita-se aos que sofram problemas de esterilidade, infertilidade ou doenças transmissíveis. Assim, recomenda-se a técnica de reprodução assistida para os casos de absoluta esterilidade masculina, de doenças hereditárias graves do marido e incompatibilidade do

---

[71] ZANOLINI, Adriana Alice. *A reprodução artificial heteróloga no direito brasileiro de filiação*. Dissertação (Mestrado em direito civil) – Pontifícia Universidade Católica de São Paulo, São Paulo, 2002. f. 18.
[72] GONÇALVES, Carlos Roberto. *Direito civil brasileiro*. São Paulo: Saraiva, 2005. v. 6, p. 280. Direito de família.
[73] ZANOLINI, Adriana Alice. *A reprodução artificial heteróloga no direito brasileiro de filiação*. Dissertação (Mestrado em direito civil) – Pontifícia Universidade Católica de São Paulo, São Paulo, 2002. f. 17.

tipo sanguíneo do casal. Guilherme Calmon Nogueira da Gama, por exemplo, sustenta que as técnicas de reprodução assistida heteróloga pressupõem a necessidade da utilização de material fecundante de terceiro estranho ao casal porque um dos cônjuges ou companheiros é estéril ou ambos os cônjuges ou companheiros são estéreis, *verbis*:

> Nas técnicas de reprodução assistida heteróloga — o que pressupõe a necessidade da utilização de material fecundante de terceiro estranho ao casal — os fundamentos relacionados à paternidade-filiação e à maternidade-filiação serão diferentes, levando em conta os casos em que um dos cônjuges ou companheiros contribui com seu material fecundante e o outro não, por força de esterilidade. É possível, também, que tais técnicas sejam adotadas nos casos em que ambos os cônjuges ou companheiros não tenham condições de contribuir com qualquer material fecundante e, nestas hipóteses, a técnica também será de reprodução heteróloga.[74]

Maria Helena Diniz opina no sentido de que melhor seria admitir as práticas de reprodução humana assistida apenas por motivo terapêutico:

> Diante de tantos problemas, será que se poderia considerar a reprodução assistida uma técnica em favor de uma sadia qualidade de vida? O melhor seria não só vedar as práticas de reprodução humana assistida, admitindo-se apenas, por motivo terapêutico, a inseminação artificial homóloga *inter vivos* em mulher casada ou que viva em união estável, desde que se use o material fertilizante do marido ou companheiro uma só vez e desde que não haja risco para sua saúde e à do filho, como também facilitar a adoção, inclusive a pré-natal.[75]

Em Portugal a discussão desse tema gira em torno da exata compreensão do art. 36, nº 1 da Constituição da República Portuguesa que consagra: "Todos têm o direito de constituir família e de contrair casamento em condições de plena igualdade" e do art. 67, alínea "e" do mesmo diploma legal que prescreve incumbir ao Estado para a

---

[74] GAMA, Guilherme Calmon Nogueira da. *A nova filiação*: o biodireito e as relações parentais. Rio de Janeiro; São Paulo: Renovar, 2003. p. 735.
[75] DINIZ, Maria Helena. *O estado atual do biodireito*. 3. ed. atual. conforme o novo Código Civil. São Paulo: Saraiva, 2006. p. 593.

proteção da família regulamentar a procriação assistida, em termos que salvaguardem a dignidade da pessoa humana. De acordo com o texto constitucional, o direito a constituir família implicaria não apenas o direito de estabelecer vida em comum, o direito a casar, mas também o de ter ou não filhos, compreendendo este último a liberdade de procriação e a paternidade e maternidade consciente e responsável. Por outro lado, a positivação constitucional do direito de ter filhos pelo recurso à técnica da procriação assistida não significa a existência de um direito subjetivo a toda e qualquer procriação possível, segundo o estado atual da técnica. Na lição de J.J Gomes Canotilho e Vital Moreira:

> O direito a constituir família implica não apenas o direito de estabelecer vida em comum e o direito ao casamento, mas também um **direito a ter filhos** (nada menos do que quatro dos sete números deste preceito tem a ver com a filiação); o direito que, embora não seja elemento essencial do conceito de família e nem sequer a pressuponha lhe vai naturalmente associado (cfr. a epígrafe deste preceito). Isso compreende tanto a liberdade de procriação (não havendo lugar para interdições de procriação, limites ao número de filhos e esterilização forçada, que de resto não seriam compatíveis com a dignidade da pessoa humana e a autodeterminação pessoal que lhe é inerente), como o direito a uma paternidade e maternidade consciente e responsável (cfr. infra, nota ao art. 67).
>
> Problemático é saber até que ponto é que o direito a ter filhos envolve um direito à *inseminação artificial heteróloga* (com esperma de terceiro) ou à gestação por *"mãe de aluguer"*, afigurando-se, contudo, que a presente disposição constitucional só poderá oferecer algum subsídio para a questão em conjugação com os princípios da dignidade da pessoa humana e do Estado de direito democrático, que garantem simultaneamente a irredutível autonomia pessoal, bem como os seus limites. O mesmo valerá, reforçadamente, para a *clonagem reprodutiva*.
>
> (...)
>
> A LC nº 1/97 acrescentou a alínea e) impondo ao Estado a regulamentação da **procriação assistida** (imposição constitucional de regulação). A positivação constitucional desta forma do direito a ter filhos resolve, desde logo, o problema da admissibilidade constitucional da procriação assistida, reconhecendo *expressis verbis a liberdade* de procriação como liberdade negativa sem interferência do Estado. Pela sua própria natureza, este direito pressupõe dimensões

prestacionais dado que se trata de uma procriação *medicamente assistida*, mas não se reconhece um direito subjectivo a toda e qualquer procriação possível segundo o estado actual da técnica. Excluem-se, desde logo, formas de procriação assistida lesivas da *dignidade da pessoa humana* (ex: procriação através das técnicas de clonagem ou de paraclonagem). Não é líquido se o preceito transporta *direitos reprodutivos positivos* e a *obrigatoriedade* de o Estado suportar ou comparticipar os custos desta forma de procriação (o preceito fala de "regulamentação"), desde logo porque a utilização desta técnica obedece, no contexto actual, ao *princípio da subsidiariedade*. As dimensões prestacionais públicas poderão eventualmente justificar-se quando o direito a ter filhos não é possível sem o recurso a técnicas de procriação assistida. A Constituição não consagra, porém o direito a procriar artificialmente, como direito positivo a prestações estaduais. Contudo, isto não impede a Assumpção de políticas públicas de tratamento de infertilidade (infertilidade como doença) e de reanimação do tecido demográfico.[76]

Não existe no Brasil uma lei que discipline as técnicas de reprodução assistida. Existe apenas a Resolução do Conselho Federal de Medicina nº 1.358/92 que fornece parâmetros para uma regulamentação de possíveis conflitos.

A citada Resolução prevê para as técnicas de reprodução assistida o papel auxiliar na solução dos problemas de infertilidade humana quando outras terapêuticas fertilizadoras foram ineficazes ou ineficientes (I, 1, RCFM nº 1.358/92).[77]

O uso dessas técnicas é permitido quando exista probabilidade efetiva de sucesso e desde que elas não incorram em risco grave de saúde para a paciente ou o possível descendente. Deve ser realçado o fim terapêutico dessa técnica; o recurso a ela deve ter como fundamento problemas ligados à infertilidade ou a situações que desaconselhem a reprodução natural. Eticamente é inaceitável a utilização de procedimentos médicos por razões que não sejam terapêuticas. O fim primordial da reprodução assistida é o de conceder filhos às pessoas incapazes de gerá-los pela via natural, de modo

---

[76] CANOTILHO, J. J. Gomes; MOREIRA, Vital. *Constituição da República Portuguesa anotada.* 4. ed. portuguesa, rev. 1. ed. brasileira. São Paulo: Revista dos Tribunais, 2007. p. 565, 859-860.

[77] A Resolução nº 1.931/09 do Conselho Federal de Medicina aprovou o novo Código de Ética Médica que no art. 15, §2º, proíbe a realização de procriação assistida com o propósito de: criar seres humanos geneticamente modificados; criar embriões para investigação ou com a finalidade de escolha de sexo, eugenia ou originar híbridos ou quimera.

que não se pode legitimar o recurso a esta técnica por mero capricho do médico, do casal ou de um dos seus membros.[78]

Desta forma, à guisa de resposta à indagação apresentada podemos afirmar não existir um direito à reprodução assistida ou artificial enquanto medida não terapêutica. Estas técnicas são reservadas às pessoas que apresentem um problema de infertilidade, fecundidade, portadoras de doenças graves transmissíveis hereditariamente.

No entanto, três situações podem excepcionar esta orientação. A primeira, a ausência prolongada e forçada do marido, como ser convocado para lutar em uma guerra. Neste caso o futuro do filho a ser concebido deve ser analisado porquanto a criança não se pode converter em um objeto de recordação ou "herança" do ausente querido. A segunda, a possibilidade de recorrer à técnica para assegurar à procriação no futuro, como forma de remediar efeitos indesejáveis — provável esterilidade ou anomalias — de um tratamento médico, hipótese em que a inseminação artificial pode ser admitida como terapia preventiva de uma possível e futura incapacidade. A terceira, a inseminação com o sêmen do marido morto, porquanto neste caso não se pode considerar a medida como terapêutica, nem como inseminação artificial homóloga porque a morte extinguiu o vínculo matrimonial, sem contar que do ponto de vista do interesse do filho, ele nascerá sem pai, criando-se artificialmente uma situação de orfandade.[79]

A inseminação artificial ou medicamente assistida posteriormente a morte do marido chegou a ser objeto de controversa decisão proferida pelo Tribunal de *Créteil* em 1º de agosto de 1984, conforme relata João Álvaro Dias:

> Alain Parpalaix, a conselho do seu médico assistente, receando riscos de esterilidade resultante do tratamento químico-terápico e radioterápico dum tumor do testículo, dirigiu-se, em 7 de dezembro de 1981, ao CECOS de *Kremlin Bicêtre* a fim de ser feita a recolha, o tratamento e a conservação do seu esperma. Veio a morrer a 25 de dezembro de 1983, sem ter voltado a contactar com o Centro desde o dia em que foi feita a colheita do sêmen. A viúva, Corine Parpalaix,

---

[78] JUNQUERA DE ESTÉFANI, Rafael. *Reproducción asistida, filosofia ética y filosofia jurídica*. Madrid: Tecnos, 1998. p. 54.
[79] JUNQUERA DE ESTÉFANI, Rafael. *Reproducción asistida, filosofia ética y filosofia jurídica*. Madrid: Tecnos, 1998. p. 54.

dirigiu-se ao diretor do Centro — prof. David — solicitando que lhe fosse restituído o esperma do marido, e em face da recusa, a viúva e os sogros acionaram, em co-autoria, o referido Centro, no Tribunal de Créteil, a fim de obterem a restituição solicitada. O referido Tribunal condenou o CECOS a restituir ao médico escolhido pela senhora Parpalaix, no prazo de um mês, a totalidade da colheita de esperma reclamada e na falta de restituição nas condições fixadas estipulou sanção pecuniária de 1000 francos por cada dia de mora.[80]

Esta decisão foi criticada, segundo relata João Álvaro Dias:

A. Sériaux criticou de modo firme à decisão lembrando o caráter anormal desta procriação onde a unidade, que implica a simultaneidade, dá lugar a uma dualidade, resultante da sucessão no tempo das causas materiais e espirituais da procriação. A criança deixa de ser o fruto das relações autenticamente pessoais dos seus progenitores; passa a ser o produto de uma combinação de dois genes consecutiva a um acordo de vontades: a vontade do pai no sentido de o Centro recolher o seu esperma; a vontade da mãe que faz contar, após a morte do marido, que pretende ser inseminada com o seu esperma. Tal dissociação profunda entre casamento e procriação comporta enormes perigos (v.g. psicológicos e jurídicos) para a criança que já é órfã antes de ser concebida. A mãe inseminada *post mortem* cria o órfão para nele concentrar depois uma espécie de afeição pós-conjugal para com o seu marido defunto. A patologia tem aí seguramente o seu papel, mas o recém-nascido? Ei-lo reduzido ao papel subalterno de continuador simbólico de uma vida conjugal prematuramente desfeita. A paternidade artificial torna assim desde logo duvidosa uma maternidade que é todavia bem real no plano biológico.[81]

João Álvaro Dias também considera ser preferível proibir a inseminação artificial homóloga *post mortem* e lembra em citação feita em nota de rodapé que esta orientação foi consagrada na Lei Sueca de 1985 sobre a inseminação no art. 2º. De acordo com o citado autor:

---

[80] DIAS, João Álvaro. *Procriação assistida e responsabilidade médica*. Coimbra: Coimbra Ed., 1996. p. 38-39.
[81] DIAS, João Álvaro. *Procriação assistida e responsabilidade médica*. Coimbra: Coimbra Ed., 1996. p. 39-40.

A orientação preferível parece ser, no entanto, a de proibir terminantemente tal prática. Nem sequer será legítimo fazer comparações com os filhos póstumos que, concebidos em vida do pai, vêm a nascer após a sua morte, pois que neste caso era imprevisível ou inevitável que o filho viesse a ver-se privado da figura tutelar do pai no seu processo de desenvolvimento educacional.[82]

Com relação à possibilidade de inseminação artificial homóloga *post mortem* autorizada pelos incisos III e IV do art. 1.597 do Código Civil de 2002 parece-nos que devemos distinguir acerca do material genético usado e da técnica adotada. A inseminação artificial homóloga com o sêmen do marido falecido deve ser condenada porque trará o inconveniente de gerar um ser que nascerá órfão de pai. Por sua vez, a inseminação artificial homóloga com a introdução de embrião[83] excedente deve ser aceita, especialmente por considerar-se o embrião um ser e, portanto, a inseminação apenas permitirá o seu desenvolvimento, significando a orfandade um mal menor do que a morte pelo descarte ou a suspensão da vida por congelamento por tempo indeterminado.

No caso de inseminação artificial heteróloga, os motivos terapêuticos que a aconselham indicam não ser possível a utilização do sêmen do marido ou do convivente, o que ocorre nos casos em que ele não pode fornecer um esperma minimamente capaz de fecundar, ou, ainda, doenças graves existentes, transmissíveis hereditariamente, desaconselham o uso do sêmen do marido ou do convivente. Nunca se deve admitir a inseminação artificial heteróloga por razões eugênicas por isto atentar contra o princípio de que o ser humano não pode ser considerado como um objeto de desejo ou programação do outro.[84]

---

[82] DIAS, João Álvaro. *Procriação assistida e responsabilidade médica.* Coimbra: Coimbra Ed., 1996. p. 39-42.
[83] De acordo com Carlos Roberto Gonçalves (*Direito civil brasileiro*. São Paulo: Saraiva, 2005. v. 6, p. 279. Direito de família), "considera-se embrião, diz PAULO LUIZ NETTO LOBO, o ser humano durante as oito primeiras semanas de seu desenvolvimento intra-uterino, ou em proveta e depois no útero, nos casos de fecundação *in vitro*, que é a hipótese cogitada no inciso IV do art. sob comento". Segundo o mencionado autor, o Código Civil não define a partir de quando se considera embrião, mas a Resolução nº 1.358/92, do Conselho Federal de Medicina, indica que, "a partir de 14 dias, tem-se propriamente o embrião, ou vida humana. Essa distinção é aceita em vários direitos estrangeiros, especialmente na Europa".
[84] JUNQUERA DE ESTÉFANI, Rafael. *Reproducción asistida, filosofía ética y filosofía jurídica.* Madri: Tecnos, 1998. p. 55.

3.2 Pressupostos subjetivos: quem pode recorrer à técnica de reprodução assistida heteróloga

Guilherme Calmon Nogueira da Gama ressalta que devem ser consideradas as espécies de famílias para definir as que podem beneficiar-se das técnicas de reprodução assistidas. A ideia subjacente é a de verificar os tipos de família que podem recorrer a esta técnica que segundo ele foi reservada preferencialmente aos cônjuges ou aos conviventes, muito embora reconheça que a Resolução do Conselho Federal de Medicina nº 1.358/92 não proíbe a mulher solteira ou viúva de recorrer ao uso de algumas das técnicas de reprodução assistida:

> No que tange aos requisitos subjetivos para a constituição do vínculo de parentalidade-filiação resultante de reprodução assistida heteróloga, é imperioso que sejam considerados as espécies de famílias fundadas na conjugalidade — ou não — que possam ser beneficiárias das técnicas de reprodução assistida, bem como determinadas condições específicas da pessoa do futuro pai e/ou da futura mãe que pretendam procriar com a assistência médica indispensável à técnica conceptiva que seja mais bem indicada para o casal — ou eventualmente para a pessoa sozinha, se for admitida tal possibilidade (...) A Resolução do Conselho Federal de Medicina — a de nº 1.358/92 — admite a "união estável" e o casamento como institutos que geram famílias que merecem ser beneficiárias das técnicas de reprodução assistida e, a despeito de não se referir expressamente, permite concluir que mulher sozinha também tem idoneidade para requerer a utilização de alguma das técnicas de reprodução assistida, o que logicamente envolveria futura criança sem o ascendente na linha paterna e todo o parentesco desta linha.[85]

Atribuir à mulher a faculdade de recorrer à inseminação artificial, independente de ser casada, ou conviver maritalmente, é dispositivo ainda controverso. A solução intermediária, segundo Massimo Bianca, é que a inseminação seja desejada pelo homem e pela mulher casados ou conviventes, solução prevista no art. 2º da Lei Sueca.[86] O concebido teria o direito de nascer no meio de uma

---

[85] GAMA, Guilherme Calmon Nogueira da. *A nova filiação*: o biodireito e as relações parentais. Rio de Janeiro; São Paulo: Renovar, 2003. p. 765.
[86] Nuove tecniche genetiche, regole giuridiche e tutela dell'essere umano. *In*: FERRANDO, Gilda (Org.). *La procreazione artificiale tra etica e diritto*. Padova: Cedam, 1989. p. 157.

família composta da dupla de genitores (pai e mãe). O interesse da criança em viver numa família organizada, de modo a satisfazer-lhe da melhor forma possível às necessidades individuais e sociais deve prevalecer sobre o núcleo de interesses do casal, a fecundidade e a superação da patologia da esterilidade.[87] O assunto é polêmico, pois para alguns a inseminação da mulher solteira não se atrita com nenhuma proibição, de modo que se reconhece à mulher a liberdade de dispor do seu corpo e de gerar.[88] Essa é a solução acolhida pelo legislador espanhol que ao editar a Lei nº 14/06 sobre técnicas de reprodução humana assistida estatuiu no art. 6º, 1, que:

> Toda a mulher maior de 18 anos e com plena capacidade poderá ser receptora ou usuária das técnicas disciplinadas nesta lei, sempre que haja prestado seu consentimento escrito de maneira livre, consciente e expressa.
>
> A mulher poderá ser usuária ou receptora das técnicas reguladas nesta lei com independência de seu estado civil ou orientação sexual.

Belmiro Pedro Welter informa que a maioria dos países é contrária ao uso da reprodução assistida pela família monoparental, reservando-a apenas aos casais, mas sustenta que no Brasil o art. 226, §7º, da CF, e a Lei nº 9.263/96 permitem ao homem ou à mulher o planejamento familiar, incluída a adoção de técnicas de fertilização para que haja a reprodução humana, o que conduz à constatação de que a lei autoriza a monoparentalidade via procriação assistida. A legislação brasileira autoriza a formação de unidade familiar com apenas um dos pais e filho e com isso emenda constitucional ou lei infraconstitucional não poderá impedir a reprodução humana natural ou medicamente assistida por um dos genitores.[89]

Parece-nos, no entanto, que a criança gerada artificialmente deva ter o direito à dupla de genitores e a uma convivência familiar que lhe garanta um desenvolvimento físico e psíquico sadio. O direito a uma família estável é um princípio que deve nortear a inseminação

---

[87] BRUSCUGLIA, Luciano. Diritti dei minori e procreazione artificiale. *In*: FERRANDO, Gilda (Org.). *La procreazione artificiale tra etica e diritto*. Padova: Cedam, 1989. p. 170.
[88] KHAIAT, Lucette. La procreation medicalement assistée dans l'experience française on ethique, phantasmes et droit. *In*: FERRANDO, Gilda (Org.). *La procreazione artificiale tra etica e diritto*. Padova: Cedam, 1989. p. 85.
[89] WELTER, Pedro Belmiro. *Igualdade entre as filiações biológica e socioafetiva*. São Paulo: Revista dos Tribunais, 2003. p. 214.

artificial heteróloga e servir de instrumento de tutela do interesse daquele que está para ser concebido, de modo que o direito de recorrer à inseminação artificial não deve ser deferido a mulheres solteiras ou viúvas, nem a homens solteiros ou viúvos. Para ambos, a adoção seria a solução para constituir um vínculo de filiação que não esteja fundado em critérios biológicos.

Assim, a família estável constituída pela dupla de genitores configura critério seguro mínimo para o desenvolvimento harmonioso do filho. Para o direito, a única garantia de que a criança poderá ter a dupla de genitores está em admitir a fecundação artificial apenas de mulheres casadas ou conviventes.[90] A renúncia a uma família estável equivale a reconhecer como incontestável o desejo de filiação de um indivíduo solteiro ou viúvo, mesmo que a satisfação desse desejo possa prejudicar a felicidade do nascituro.[91]

Nesse sentido, a lição de Guilherme Calmon Nogueira da Gama:

> Vê-se, de acordo com a experiência francesa, que o direito à reprodução não é absoluto, e o próprio recurso do casal às técnicas de reprodução homóloga somente é reconhecido na impossibilidade da procriação carnal — salvo na hipótese de transmissão de doenças genéticas.
>
> No contexto do direito à reprodução deve ser analisado o projeto parental daqueles que pretendem procriar com o recurso às técnicas de reprodução assistida. Nesse contexto, é importante a existência da família constituída regularmente pelo casal e que, entre os projetos de comunhão de vida, incluiu o seu crescimento e desenvolvimento com a vinda da prole. Diante do princípio da paternidade responsável, tal projeto logicamente não deve se restringir à concepção e ao nascimento da criança, mas também à educação, à afetividade, ao amparo, à proteção e à total assistência — material e imaterial — da futura criança, e razões ou motivos que não se relacionam a tais aspectos provavelmente não podem ser considerados no âmbito do projeto parental, mas em projeto pessoal, individualista, egoístico, de pura satisfação narcísica.[92]

---

[90] De acordo com Sergio Ferraz (*Manipulações biológicas e princípios constitucionais*: uma introdução. Porto Alegre: Sergio Antonio Fabris, 1991. p. 45), "qualquer união estável de homem e mulher, convivendo como se casados fossem, legitima o par à pretensão da fecundação artificial".
[91] D'AGOSTINO, Francesco. Gli interventi sulla genetica umana nella prospettiva della fisolofia del diritto. In: *Procreazione artificiale e interventi nella genetica umana, tai del Convengo di Verona*. Padova: Milano, 1987. p. 176-177.
[92] *A nova filiação*: o biodireito e as relações parentais. São Paulo; Rio de Janeiro: Renovar, 2003. p. 715.

A inseminação artificial heteróloga pressupõe casamento ou união estável e biparentalidade, isto é a possibilidade de condições de formação de duas linhas de parentesco relativamente à criança, as linhas paterna e materna, mesmo que uma delas se constitua somente pelo consentimento, já que não poderá contribuir com material genético para a concepção do ser. É que, conforme adverte Guilherme Calmon Nogueira da Gama, "na hipótese de pessoa sozinha que resolve se socorrer da técnica de reprodução assistida é inadequado se referir às modalidades homólogas ou heterólogas, por se tratar de projeto parental próprio ou individual sem qualquer participação de outra pessoa".[93] Nesta perspectiva, serão examinadas apenas as situações que envolvam pessoas casadas ou que vivam em união estável. Nesse sentido, para Massimo Bianca, a orientação que restringe aos cônjuges ou aos conviventes à inseminação artificial heteróloga leva em conta a exigência que o nascido seja inserido num ambiente familiar completo, respeitando-se o seu direito de ter um pai e o de ser instruído, educado, mantido pelos genitores.[94]

Portanto, o casal é a resposta à pergunta de quem pode se beneficiar das técnicas de reprodução artificial heteróloga. O casal pode beneficiar-se das técnicas de reprodução assistida. Presume-se um propósito de aumento da família pelo exercício do direito à reprodução, conforme lição de Guilherme Calmon Nogueira da Gama:

> Os cônjuges podem ser beneficiários das técnicas concepcionistas levando em conta a presunção legal da existência de projeto parental que se constitui e se desenvolve no bojo da família matrimonial no exercício do direito à reprodução e ao planejamento familiar.[95]

Outro argumento é o de que o interesse da criança será tutelado porque ela nascerá em uma família amparada em bases sólidas, segura e autêntica.[96]

---

[93] GAMA, Guilherme Calmon Nogueira da. *A nova filiação*: o biodireito e as relações parentais. Rio de Janeiro; São Paulo: Renovar, 2003. p. 765.
[94] Nuove tecniche genetiche, regole giuridiche e tutela del'essere umano. In: FERRANDO, Gilda (Org.). *La procreazione artificiale tra etica e diritto*. Padova: Cedam, 1989. p. 157. p. 157.
[95] GAMA, Guilherme Calmon Nogueira da. *A nova filiação*: o biodireito e as relações parentais. Rio de Janeiro; São Paulo: Renovar, 2003. p. 770.
[96] GAMA, Guilherme Calmon Nogueira da. *A nova filiação*: o biodireito e as relações parentais. Rio de Janeiro; São Paulo: Renovar, 2003. p. 771.

3.3 Pressupostos formalísticos: exigências formais que devem ser observadas para que ocorra a técnica de reprodução assistida heteróloga

3.3.1 Informações adequadas

O casal, destinatário das técnicas de reprodução assistida heteróloga, deve anuir no emprego da técnica.

A mulher receptora das técnicas deve a elas anuir de modo livre e consciente. O seu consentimento deve ser livre, proveniente de uma pessoa capaz, prévio à prática do ato médico e expresso. Conforme o art. 6, 1, da Lei espanhola nº 14/06, de 26 de maio, sobre técnicas de reprodução humana assistida, toda mulher capaz e maior de 18 anos poderá ser receptora ou usuária das técnicas reguladas nesta lei, sempre que haja anuído à sua utilização de maneira livre, consciente e expressa.

O consentimento deve ser precedido do fornecimento de informações relevantes, que lhe permitam um consentimento esclarecido. O fornecimento de informações representa o exato cumprimento do dever de informar no plano pré-contratual, imposto ao centro médico ou à clínica encarregada de realizar o ato médico pertinente à reprodução assistida heteróloga.

Dentre as informações relevantes deve ser dado destaque aos riscos dos atos médicos capazes de afetar o que se submete às técnicas de reprodução assistida, bem como aos riscos que digam respeito ao ser que será concebido.

De acordo com o art. 6, item 2, da Lei espanhola sobre técnicas de reprodução humana, nº 14/06, de 26 de maio, as informações proporcionadas à mulher, de maneira prévia ao seu consentimento deverá abranger os possíveis riscos que podem decorrer da maternidade numa idade inadequada, os riscos para ela durante o tratamento, durante a gravidez e os riscos para a descendência.

Um dos riscos destacados pela doutrina está relacionado ao estresse sofrido por aquela que se submete a essa técnica, cuja aplicação pressupõe visitas a centros especializados para entrevistas, o preenchimento de formulários, o fornecimento de amostras, sem que a eficácia da técnica esteja assegurada, o que na maioria dos casos obriga o médico a repetir o processo sucessivas vezes até lograr a gravidez.[97]

---

[97] JUNQUERA DE ESTÉFANI, Rafael. *Reproducción asistida, filosofia ética y filosofia jurídica*. Madri: Tecnos, 1998. p. 56.

Existe ainda o risco de agravamento de sintomas psicológicos devido à incapacidade para conceber, como a depressão pela ansiedade decorrente da natureza do procedimento terapêutico e do temor do fracasso do tratamento. Portanto, é preciso que o casal conte com o devido suporte psicológico antes, durante e depois do tratamento.[98]

A mulher submete-se a todo tipo de atuação médica em seu corpo (anestesia, extração de óvulos, implantação, estimulação ovária) e embora o avanço da ciência médica tenha reduzido os riscos físicos inerentes aos procedimentos médicos, não os eliminou por completo.[99]

Ascensión Cambrón Infante cita como consequências indesejáveis destas práticas para as mulheres, os riscos derivados dos tratamentos hormonais que seriam indicados apenas para um pequeno número de mulheres, cuja atividade do ovário é quase nula, mas, no entanto, são prescritos por muitos médicos para mulheres, apenas com o objetivo de melhorar o rendimento da ovulação espontânea. De acordo com a citada autora, os medicamentos empregados para estimular o ovário e induzir a poliovulação podem acarretar trombose ou falhas renais. Além disso, a estimulação hormonal provoca nas mulheres efeitos secundários, alguns graves como a hiperestimulação ovárica, sem contar o risco de morte, pois, até o ano de 1991, cerca de 18 (dezoito) mulheres faleceram com o procedimento de extração dos óvulos produzidos.[100]

Há riscos da ocorrência de defeitos congênitos nos filhos decorrentes das manipulações a que foram submetidos os materiais

---

[98] JUNQUERA DE ESTÉFANI, Rafael. *Reproducción asistida, filosofía ética y filosofía jurídica*. Madri: Tecnos, 1998. p. 57.

[99] JUNQUERA DE ESTÉFANI, Rafael. *Reproducción asistida, filosofía ética y filosofía jurídica*. Madri: Tecnos, 1998. p. 58. De acordo com o citado autor, "Hay, en efecto, un buen número de peligros que parecen estar vinculados a las múltiples actuaciones que requiere el procedimiento de la congelación en sus dos fases fundamentales: proceso de congelación/descongelación y conservación del material. Con respecto a la primera, ya adelantamos que la congelación 'prejudica relativamente' el esperma, aunque los daños resultantes non son suficientes como para desaconsejar la técnica. Sí aparece como necesario establecer los requisitos para llevar a cabo la congelación con garantías para su integridad y viabilidad. También hemos adelantado la imposibilidad, por ahora, de conseguir una congelación 'total', por lo que las células continúan envejeciendo (aunque muy lentamente), lo que hace que no se puedan mantener depositados en los tanques de congelación *sine die*. Aun teniendo esto claro, no existe unanimidad en cuanto a una fecha limite, a partir de la cual ya aparecerían graves riesgos para la fecundación, debido al deterioro de los gametos".

[100] CAMBRÓN INFANTE, Ascensión. Fecundación *in vitro* y agresiones al cuerpo de la mujer. *In*: CAMBRÓN INFANTE, Ascensión (Coord.). *Reproducción asistida*: promesas, normas y realidad. Madri: Trotta, 2001. p. 180.

genéticos, especialmente os procedimentos de congelamento, descongelamento e conservação do material.[101]

A mulher para que possa deliberar deve receber informações detalhadas de todos os riscos a que está sujeita ao submeter-se ao procedimento de reprodução assistida. O consentimento deve ser esclarecido, isto é, deve refletir uma decisão voluntária e sopesada, após os esclarecimentos das etapas do procedimento e suas consequências. Cabe ao médico informar às partes de modo compatível com o nível intelectual e cultural de ambas, de modo a permitir-lhes a compreensão do tratamento a que irão submeter-se.

Conforme Maria Helena Diniz, "o consenso livre e esclarecido, ou consciente, apenas será aceitável se estiver fundado na informação acessível no nível intelectual e cultural do paciente, na competência, no entendimento e na voluntariedade".[102] No mesmo sentido, João Álvaro Dias para quem "é exigível que o médico desempenhe este dever através de uma linguagem plenamente acessível ao doente e os tribunais não devem ser sensíveis ao argumento de que a natureza dos procedimentos médicos não podem ser explicados sem a utilização de uma terminologia altamente técnica".[103] Outrossim, António Manuel da Rocha e Menezes Cordeiro para quem "o âmbito do dever médico de esclarecimento estende-se aos efeitos típicos das terapêuticas prescritas e não a todos os efeitos possíveis que estas possam acarretar; varia, ainda, em profundidade, consoante a inteligência e os conhecimentos do paciente e as necessidades do caso".[104]

O consentimento apresenta-se, assim, como um pressuposto do tratamento médico, em razão do direito essencial de cada pessoa se autodeterminar.[105]

João Álvaro Dias informa-nos que:

> O consentimento esclarecido significa que o médico que se propõe efetuar um tratamento ou intervenção sobre um doente deve dar-lhe suficiente informação sobre o tratamento proposto, quais as probabilidades de êxito, quais os riscos co-envolvidos, quais os

---

[101] JUNQUERA DE ESTÉFANI, Rafael. *Reproducción asistida, filosofía ética y filosofía jurídica*. Madri: Tecnos, p .62.

[102] Conforme DINIZ, Maria Helena. *O estado atual do biodireito*. 3. ed. atual. conforme o novo Código Civil. São Paulo: Saraiva, 2006. p .675.

[103] DIAS, João Álvaro. *Procriação assistida e responsabilidade médica*. Coimbra: Coimbra Ed., 1996. p. 283-284.

[104] CORDEIRO, António Manuel da Rocha e Menezes. *Da boa fé no direito civil*. 2. reimp. Coimbra: Almedina, p. 606.

[105] DIAS, João Álvaro. *Procriação assistida e responsabilidade médica*. Coimbra: Coimbra Ed., 1996. p. 277.

efeitos colaterais ou mal-estar daí resultantes, quais as alternativas disponíveis, porque é que o tratamento escolhido é, na opinião do médico, o melhor para o doente, porque é que os outros tratamentos possíveis foram rejeitados e quais são os riscos de não ser efetuado qualquer tratamento. Tudo de molde a que um doente de razoável inteligência e instrução média possa compreender e fique habilitado a tomar uma decisão razoavelmente inteligente, em moldes tão objetivos quanto possíveis para quem se encontra numa situação repleta de especificidades.[106]

O consentimento para o citado autor apresenta-se como um diálogo entre o paciente e o médico no qual ambos trocam informações e se interrogam reciprocamente, até culminar na concordância ou anuência do doente à realização do tratamento, *verbis*:

> O consentimento tem que ser perspectivado como um diálogo entre o doente e o médico em que ambas as partes trocam informações e se interrogam reciprocamente; diálogo que há de culminar na concordância ou anuência do doente à realização de um certo tratamento ou de uma certa intervenção. Se é certo que o doente necessita de conhecer certos detalhes elementares para decidir, com a objectividade possível, se pretende ou não submeter-se ao tratamento proposto não é menos verdade que o médico tem necessidade de um leque substancial de informações vindas do doente, de molde a equacionar os riscos e benefícios que da sua actuação podem advir. Numa palavra, trata-se de um processo interactivo, dinâmico e não estático.[107]

Existem exceções ao dever de obter o consentimento informado, como a necessidade inadiável de prática médica de urgência em razão de iminente perigo de vida; a impossibilidade, ante a emergência, séria e iminente, da situação e o perigo da demora; privilégio terapêutico, isto é, a supressão de informação que constitua ameaça ao bem estar ou saúde do paciente. Essas exceções não se aplicam ao procedimento de inseminação artificial porque este não constitui procedimento médico de risco.

---

[106] DIAS, João Álvaro. *Procriação assistida e responsabilidade médica*. Coimbra: Coimbra Ed., 1996. p. 282.
[107] DIAS, João Álvaro. *Procriação assistida e responsabilidade médica*. Coimbra: Coimbra Ed., 1996. p. 280.

A Resolução nº 1.358, de 11.11.92, cuida do consentimento informado, considerando-o obrigatório, detalhado, expositivo das técnicas de reprodução assistida, dos resultados obtidos, do caráter biológico, do caráter jurídico e ético.

3.3.2 Consentimento do marido ou do convivente

A mulher casada ou que viva em união estável deve contar ainda com a concordância por escrito do cônjuge ou do companheiro. A reprodução artificial heteróloga depende do consentimento do marido por recorrer ao uso de material genético fornecido por terceiro. Esta exigência encontra-se prevista na parte final do inciso V do art. 1.597 do Código Civil: "desde que tenha prévia autorização do marido".

Na verdade, marido e mulher devem estar de acordo quanto ao uso da técnica de inseminação artificial heteróloga. A autorização do marido deve ser prévia ao processo de reprodução assistida e realizada por escrito. A autorização prévia impede a qualificação do agir da mulher ou da companheira como conduta desonrosa apta a fundamentar o pedido de separação judicial litigiosa ou a declaração de ruptura da união estável.[108]

Entendemos que a inseminação artificial heteróloga, realizada sem a autorização do marido, constitui infidelidade moral, equivalente à injúria grave ao outro e não adultério, que pressupõe consumação voluntária da cópula carnal propriamente dita.[109] Esta é também a opinião de Carlos Roberto Gonçalves:

> A inseminação artificial, também chamada de adultério casto ou científico, malgrado a opinião em contrário de alguns doutrinadores, não configura adultério porque este só ocorrerá se houver cópula

---

[108] Caio Mário da Silva Pereira (*Instituições de direito civil*. 14. ed. Rio de Janeiro: Forense, 2004. v. 5, p. 25. Direito de família.) informa que "não existe um critério pré-ordenado, outrossim, para a definição do que se compreende como conduta desonrosa, prevista no art. 1.573-VI. É de se considerar todo comportamento de um dos cônjuges, que implique granjear menosprezo no ambiente familiar ou no meio social em que vive o casal. Assim se devem entender os atos degradantes como o lenocínio, o vício do jogo, o uso de tóxicos, a conduta homossexual, a condenação por crime doloso, especialmente que impliquem a prática de atos contra a natureza, os delitos sexuais, o vício da embriaguez. Esta referência é meramente exemplificativa. Não é possível arrolar todos os atos que possam constituir conduta desonrosa de um cônjuge. Cabe ao juiz, em cada caso, examinando as circunstâncias materiais da espécie, e tendo em vista o ambiente familiar, o grau de educação e de sensibilidade do cônjuge, e quaisquer outros elementos informativos, decidir se a imputação procede e se a conduta do cônjuge tem efetivamente o caráter desonroso".

[109] DINIZ, Maria Helena. *Curso de direito civil brasileiro*. 22. ed. rev. e atual. São Paulo: Saraiva, 2007. v. 5, p. 293. Direito de família.

completa com estranho de outro sexo. A fecundação não pertence à sexualidade, e sem a genitalidade, sendo um fato exclusivamente biológico, desvinculado da libido. Na realidade a mulher poderá dar causa a separação judicial ao sujeitar-se a inseminação artificial, recebendo o sêmen de outro homem sem o consentimento do marido, mas a sua conduta subsumir-se-á no comportamento desonroso, por constituir injúria grave. Também constitui conduta injuriosa o fornecimento de sêmen pelo homem casado para a inseminação da mulher estranha sem o consentimento da esposa.[110]

A autorização dada posteriormente à realização da inseminação artificial heteróloga corresponde ao perdão e impede o marido de fundamentar a ação de separação judicial no comportamento ilícito da mulher.[111]

A falta de acordo, como visto, pode desencadear uma crise familiar.

O consentimento, enquanto exercício da autonomia privada, deve ser livre, isto é, isento de vícios, como o erro, o dolo e ou a coação. Pode acontecer que o marido ou o companheiro seja induzido em erro pela mulher ou companheira que, para esconder uma gravidez, fruto da quebra do dever de fidelidade, engana-o, induzindo-o a consentir numa inseminação artificial heteróloga. Neste caso, descoberta a verdade o marido ou companheiro está autorizado a contestar a paternidade presumida decorrente da autorização dada. Esta é a opinião de Maria Helena Diniz, para quem:

> ...se anuiu na inseminação artificial heteróloga, será o pai legal da criança assim concebida, não podendo voltar atrás, salvo se provar que, na verdade, aquele bebê adveio da infidelidade de sua mulher (CC, arts. 1.600 e 1.602), fato esse que também pode gerar demanda de separação litigiosa.[112]

O consentimento prestado pode ser revogado, desde que a revogação ocorra antes de realizada a concepção, pois no momento em que ela ocorre caduca o poder de revogá-la.

---

[110] GONÇALVES, Carlos Roberto. *Direito civil brasileiro*. São Paulo: Saraiva, 2005. v. 6, p. 209-210. Direito de família.

[111] O art. 319 do CC de 1916 previa o perdão para o adultério, que se presumia se o cônjuge inocente, conhecendo-o, coabitasse com o culpado. Este princípio, segundo Carlos Roberto Gonçalves (*Direito civil brasileiro*. São Paulo: Saraiva, 2005. v. 6, p. 218-219. Direito de família) foi, de certa forma, mantido e ampliado no art. 5º, *caput*, da Lei do Divórcio e no art. 1.572 do Código Civil de 2002, ao exigir o requisito da "insuportabilidade da vida em comum".

[112] *Curso de direito civil brasileiro*. 22. ed. rev. e atual. São Paulo: Saraiva. v. 5, p. 431. Direito de família.

O casal deve ser capaz de assumir a situação criada pela doação do material genético, tanto do ponto de vista físico, como do ponto de vista psicológico.

O médico, até para prevenir-se de futuras ações judiciais, deve exigir, no caso de serem utilizados gametas ou embriões provenientes de terceiros, o consentimento do cônjuge.[113]

3.4 Clínicas ou serviços especializados

Às clínicas ou aos serviços que aplicam as técnicas de reprodução assistida compete-lhes a coleta, o manuseio, a conservação, a distribuição e a transferência de material biológico humano para a destinatária da técnica de reprodução assistida. A clínica ou centro deve ter um médico responsável por todos os procedimentos médicos e laboratoriais executados e incumbe-lhe, entre outras providências, registrar as gestações, os nascimentos e as malformações de fetos ou recém-nascidos provenientes das diferentes técnicas de reprodução assistida, bem como registrar os procedimentos realizados na manipulação de gametas ou pré-embriões. Incumbe-lhe, ainda, realizar exames no material biológico humano que será transferido aos usuários para certificar-se de que citado material não é transmissor de doenças; manter um registro permanente das provas diagnósticas a que foram submetidos; manter um registro dos dados clínicos de caráter geral, das características fenotípicas e guardar uma amostra do material celular dos doadores.

A responsabilidade da clínica pela qualidade do material genético a ser aplicado é objetiva, qualificada pelo vício que afeta a segurança ou a saúde da mulher receptora do material e paciente do procedimento e tem como fundamento os art. 12 e seguintes do Código de Defesa do Consumidor, pois não há dúvida que entre o casal destinatário da técnica e a clínica existe uma relação de consumo. Conforme lição de Sílvio Luís Ferreira da Rocha:

> O Código de Defesa do Consumidor tem em mira duas órbitas de proteção do consumidor. A primeira voltada para a incolumidade físico-psíquica do consumidor, isto é, procurando proteger à saúde e segurança do consumidor dos danos causados por produtos defeituosos (os chamados acidentes de consumo). A segunda, voltada

---

[113] DIAS, João Álvaro. *Procriação assistida e responsabilidade médica.* Coimbra: Coimbra Ed., 1996. p. 298.

para a incolumidade econômica do consumidor, procurando proteger o patrimônio do consumidor dos prejuízos relacionados com a qualidade e quantidade dos produtos introduzidos no mercado.

O Código de Defesa do Consumidor criou três regimes jurídicos diversos: um para os vícios de qualidade por insegurança; outro para os vícios de qualidade por inadequação e um último para os vícios de quantidade.

Citados regimes divergem quanto à extensão e fundamento do dever de indenizar. O regime jurídico da responsabilidade civil é mais rígido para os vícios de qualidade por insegurança, por afetarem a saúde do consumidor.

A responsabilidade pelo fato do produto é aplicável no caso de ocorrer danos à saúde ou segurança do consumidor em decorrência da introdução de produtos defeituosos no mercado, caracterizando o chamado acidente de consumo.[114]

3.5 Os doadores

Além do consentimento exigido do casal, tanto na hipótese de matrimônio, como na hipótese de união estável, o casal deve, por intermédio de uma clínica especializada, obter o sêmen do doador. O doador deve ser anônimo, não praticar o ato por ânimo de lucro, gozar de boa saúde, ser fértil, contar com o consentimento do cônjuge e não revogar sua doação.[115]

Se o doador for casado ou viver em união estável deve obter a concordância do outro cônjuge ou convivente. A doação de sêmen contra a vontade do outro pode representar fator de instabilização da sociedade conjugal e levá-la à ruptura, de modo que as clínicas receptoras devem ter o cuidado de exigir do doador casado ou que vive em união estável a concordância do outro consorte ou convivente.

O material doado, isto é, o sêmen, deve ter características genéticas similares às do casal receptor e a clínica deve evitar a mistura de sêmen de distintos doadores.[116]

---

[114] *Responsabilidade civil do fornecedor pelo fato do produto no direito brasileiro*. 2. ed. rev. atual. e ampl. São Paulo: Revista dos Tribunais, 2000. p. 131.
[115] JUNQUERA DE ESTÉFANI, Rafael. *Reproducción asistida, filosofía ética y filosofía jurídica*. Madrid: Tecnos, 1998. p. 67.
[116] JUNQUERA DE ESTÉFANI, Rafael. *Reproducción asistida, filosofía ética y filosofía jurídica*. Madrid: Tecnos, 1998. p. 67.

Os doadores são os fornecedores de material biológico humano. Entre o casal, isto é, na homofecundação é livre a extração (e utilização) de sêmen ou óvulos e, portanto, não se põe o problema dos doadores, que aparece quando se cuida de fecundação heteróloga.

A fecundação heteróloga não trata de doação de simples elementos orgânicos, como o sangue, pois os gametas são portadores de informações genéticas do indivíduo, de modo que se mostra inadequado comparar a doação de sangue com a doação de esperma. Esse fato é suficiente para que muitos se oponham à heterofecundação, porque dela resulta a presença de uma terceira pessoa (doador) na vida do casal, o que pode gerar desajustes nas relações dos consortes: o homem por ter que conviver com a presença de um filho gerado por outro, que o recorda da sua incapacidade de fecundar sua consorte, enquanto a mulher por saber-se fecundada por um estranho. Além disso, há o perigo de que esta situação se projete sobre o filho; por isso alguns se colocam frontalmente contra a inseminação artificial heteróloga.[117]

Os doadores, para alguns, devem permanecer no anonimato. Discute-se se a identidade civil do doador deve ser sempre preservada e, não obstante opiniões discordantes, a maioria defende a preservação do anonimato. Aplica-se, no caso, para alguns, o princípio do anonimato, isto é, a proibição de revelar-se a identidade civil do doador, para que o ser concebido por seu gameta pela reprodução artificial heteróloga não venha a conhecê-lo. Admite-se em situações especiais, por motivos médicos, que as informações sobre os doadores, como dados clínicos de caráter geral ou características fenotípicas, bem como informações genéticas sejam repassadas.

3.6 Consequências jurídicas do sigilo profissional e do anonimato do doador

De acordo com João Álvaro Dias, o segredo diz respeito à natureza artificial da procriação fundada sobre a utilização do esperma de um doador, e o anonimato reporta-se à identidade do doador, do casal receptor (marido e mulher) e da criança.[118]

---

[117] JUNQUERA DE ESTÉFANI, Rafael. *Reproducción asistida, filosofía ética y filosofía jurídica*. Madrid: Tecnos, 1998. p. 63.
[118] DIAS, João Álvaro. *Procriação assistida e responsabilidade médica*. Coimbra: Coimbra Ed., 1996. p. 43.

O anonimato do doador impede o filho biológico de obter o reconhecimento jurídico da paternidade biológica. De acordo com Eduardo de Oliveira Leite, a doação de material genético é ato de liberalidade que não obriga o doador a assumir uma paternidade que interessa a apenas aqueles que se socorreram da reprodução assistida para solucionar os seus problemas decorrentes da infertilidade:

> A doação de esperma ou de óvulo é medida de generosidade, logo não é possível obrigar a alguém que doou material genético que assuma uma paternidade que não é sua, mas dos usuários que se socorreram da técnica para contornar a infertilidade, servindo esta consideração de fundamento da exclusão do estabelecimento de qualquer vínculo de filiação entre o doador e a criança oriunda da procriação. O anonimato, nesse caso, serviria de garantia da autonomia da expansão da família que se funda e de proteção leal do desinteresse que predomina em relação ao doador de material genético: todo o terceiro que doa material genético para um tratamento de esterilidade não deve ser conhecido do casal, antes, durante, nem após o tratamento e, reciprocamente, o doador não deve conhecer a identidade do casal ao qual ele auxiliou.[119]

O projeto preliminar da União Europeia dispõe que "nenhuma relação de filiação poderá se estabelecer entre os doadores de gametas e o filho concebido como resultado da procriação. Nenhum procedimento por iniciativa do filho poderá ser dirigido contra um doador ou por este contra um filho".[120]

De acordo com Stela Marcos de Almeida Neves Barbas, a comunidade nacional e internacional está dividida quanto ao anonimato do doador, existindo duas posições distintas: a dos países de influência anglo-saxônica e germânica que repudia o anonimato e a dos países de influência francesa que o preconiza. A Lei Norueguesa nº 681/87 de 12 de junho, a Lei Espanhola 35/88,[121] de 22 de novembro, e a Lei Francesa nº 94/653 de 29 de julho consagram o princípio

---

[119] LEITE, Eduardo Oliveira. Bioética e presunção de paternidade. *In*: LEITE, Eduardo Oliveira (Coord.). *Grandes temas de atualidade, bioética e biodireito*. Rio de Janeiro: Forense, 2004. v. 3, p. 33.

[120] LEITE, Eduardo Oliveira. Bioética e presunção de paternidade. *In*: LEITE, Eduardo Oliveira (Coord.). *Grandes temas de atualidade, bioética e biodireito*. Rio de Janeiro: Forense, 2004. v. 3, p. 33.

[121] Esta lei foi revogada pela Lei 14/2006, de 26 de maio, que no art. 5, item 5, estabeleceu que a doação será anônima e deverá assegurar a confidencialidade dos dados de identidade dos doadores. Os filhos nascidos têm o direito a obter informações gerais dos doadores, que não incluam sua identidade. Em situações excepcionais a identidade poderá ser revelada, mas a revelação da identidade não implica em determinação legal da filiação.

do anonimato, enquanto na Suíça, na Suécia e no Reino Unido há proibição do anonimato do doador e admite-se a investigação da paternidade.[122]

Os defensores do anonimato argumentam que ele garante a intimidade da vida privada; promove o eventual bem-estar da criança poupando-a de traumas que resultariam da descoberta de uma terceira pessoa na sua procriação; encoraja a doação; representa um meio de não responsabilizar o doador anônimo pela paternidade; é uma garantia para os pais sociais da impossibilidade de o doador anônimo reclamar direitos sobre o filho biológico; o conhecimento da identidade do doador pode permitir o questionamento da atribuição da paternidade ao cônjuge da mulher inseminada.[123]

Stela Marcos de Almeida Neves Barbas pensa que a inseminação heteróloga envolve sempre atentado contra o direito a um patrimônio genético não manipulado e o segredo em relação ao doador está em manifesta contradição com o disposto na primeira parte do art. 26º da Constituição da República Portuguesa que reconhece a todos o "direito à identidade pessoal". De acordo com ela, o anonimato posterga o direito da criança ao conhecimento do seu patrimônio genético e colide com o direito fundamental de conhecer suas origens biológicas; ofende o direito essencial à identidade da pessoa subordinando-o a um discutível direito dos inférteis a terem um filho; pode ser fonte de futuros incestos; impede definir, em alguns casos concretos, a forma de transmissão hereditária de certas doenças.[124]

O nascido por inseminação artificial heteróloga tem o direito ao conhecimento de sua identidade genética, para salvaguardar sua existência de doenças graves ou degenerativas. Nenhuma lei pode suprimir-lhe o direito de conhecer sua origem genética. Acerca da identidade genética, cabe observar a Constituição da República Portuguesa, que na revisão constitucional de 1997 introduziu no art. 26º uma expressa referência à garantia da dignidade pessoal e da identidade genética do ser humano, e passou a ser um dos primeiros textos constitucionais europeus a reconhecer expressamente a identidade genética do ser humano, relacionando-a com a dignidade

---

[122] BARBAS, Stela Marcos de Almeida. *Direito ao patrimônio genético*. Coimbra: Almedina, 1998. p. 168-169.
[123] BARBAS, Stela Marcos de Almeida. *Direito ao patrimônio genético*. Coimbra: Almedina, 1998. p. 172.
[124] BARBAS, Stela Marcos de Almeida. *Direito ao patrimônio genético*. Coimbra: Almedina, 1998. p. 174.

pessoal e como critério de limite ao emprego de tecnologia e experimentos científicos:[125]

> Artigo 26º
> 3. A lei garantirá a dignidade pessoal e a identidade genética do ser humano, nomeadamente na criação, desenvolvimento e utilização das tecnologias e na experimentação científica.

Paulo Otero procurou dar densidade ao *direito à identidade genética* relacionando-o com três realidades: humanidade, verdade biológica e liberdade técnico-científica.

A estreita associação entre identidade genética e humanidade, segundo ele, indica ter o legislador procurado garantir a identidade genética do ser humano, o que exclui do âmbito de proteção da norma qualquer referência a outra identidade genética, que não a humana. Por outro lado, a aproximação entre identidade e individualidade genética de cada ser humano, baseada na singularidade e irrepetibilidade do genoma de cada indivíduo, conduziu à inadmissibilidade da clonagem humana. De acordo com Paulo Otero:

> Por outro lado, a aproximação entre identidade e individualidade genética de cada ser humano, enquanto decorrência da própria irrepetibilidade do genoma de cada indivíduo, conduz, também, uma vez mais, à exclusão da admissibilidade constitucional da clonagem humana. Pode extrair-se daqui, por conseguinte, um "direito a não ser clone".
>
> Ou seja, em síntese, o reconhecimento a cada pessoa do direito à sua própria identidade genética determina, necessária e inevitavelmente, a interdição da clonagem humana.
>
> Note-se, porém, que uma tal interdição, fundando-se na tutela constitucional da identidade genética do ser humano, não compreende qualquer outra modalidade de clonagem: apenas o ser humano tem garantida pela Constituição a respectiva identidade genética.[126]

Esta inviolabilidade do patrimônio genético humano, expressão direta da salvaguarda constitucional da identidade genética da pessoa humana, na sua humanidade natural, determina dois

---

[125] OTERO, Paulo. *Personalidade e identidade pessoal e genética do ser humano*: um perfil constitucional da bioética. Coimbra: Almedina, 1999. p. 84.
[126] *Personalidade e identidade pessoal e genética do ser humano*: um perfil constitucional da bioética. Coimbra: Almedina, 1999. p. 88.

efeitos: a) proíbe práticas que visem à produção de seres híbridos ou quiméricos, destituídos de uma completa ou perfeita identidade humana, como embriões híbridos portadores de informações genéticas diferentes; b) proíbe práticas de manipulação genética que vise criar seres sem sexo, ou dotados simultaneamente de sexo feminino e masculino.[127]

Por sua vez, a associação entre identidade genética e verdade biológica conduz ao *princípio geral de verdade biológica*, o que impede a lei ordinária de afastar-se do critério da verdade biológica. Assim, poder-se-ia criticar algumas das soluções sobre filiação consagradas em diplomas reguladores das técnicas de procriação assistida, que se afastam do critério biológico. A consagração constitucional de um *princípio geral de verdade biológica* produziria três efeitos:

 a) as regras de filiação devem basear-se essencialmente em critérios biológicos. A conjugação entre o direito à identidade pessoal e a garantia de identidade genética dos seres humanos determinaria a formação de dois novos direitos fundamentais: i) o direito de cada novo ser conhecer e estabelecer a sua ascendência biológica direta; ii) o direito de cada progenitor a conhecer e estabelecer a sua descendência biológica direta;
 b) impor a omissão, destruir a possibilidade de reconstituir ou negar a ligação biológica entre dois seres, falseando ou escondendo a verdade biológica, sempre será um meio de lesar a identidade genética a que se refere na Constituição. Consideram-se inconstitucionais por violação ao princípio de identidade genética: i) o anonimato dos doadores; ii) a admissibilidade de mistura de sêmen de diferentes doadores, ou a utilização de óvulos de várias mulheres; iii) a proibição de investigação da paternidade ou da maternidade biológica;
 c) um princípio por derivação de não manipulação arbitrária do patrimônio genético ou de manipulação mínima do patrimônio genético natural de cada ser humano que proibiria: a) a utilização das técnicas de procriação assistida, com o propósito de manipulação genética que permita conseguir determinar características do ser humano a nascer, como

---

[127] OTERO, Paulo. *Personalidade e identidade pessoal e genética do ser humano*: um perfil constitucional da bioética. Coimbra: Almedina, 1999. p. 88-89.

sexo, salvo se esse for o único meio capaz de prevenir ou tratar anomalias de origem genética conhecida; b) qualquer tentativa de modificação arbitrária do programa genético humano.[128]

Por derradeiro, a liberdade de criação e desenvolvimento tecnológico e a liberdade de experimentação científica estão condicionadas pelo direito fundamental à identidade genética, de modo que devem respeitar a dignidade de cada pessoa humana e a identidade genética do ser humano.[129]

Parece-nos certo que o citado autor em sua obra exauriu as possibilidades de concretização normativa e principiológica do direito fundamental à identidade genética. O posicionamento radical do autor supracitado, contudo, não é subscrito integralmente por outros juristas como J.J Canotilho e Vital Moreira que ao comentarem a Constituição Republicana Portuguesa mencionam apenas a proibição da reprodução artificial da mesma constituição genética ou do mesmo genoma humano, como a clonagem reprodutiva, por implicar em duplicação do indivíduo; a proibição da criação, desenvolvimento e utilização de tecnologias tendentes a produzir seres híbridos ou quimeras (seres desprovidos de uma completa identidade humana, mas com marcas dos humanos); a proibição de práticas de manipulação genética com o propósito de criar seres humanos sem sexo ou hermafroditas:

> No plano dogmático-jurídico, o art. 26-3 começa por estabelecer uma imposição legiferante ("a lei garantirá...") destinada a densificar normativamente a categoria central de *bioconstituição* — a identidade genética do ser humano —, na seqüência de relevantes documentos internacionais e comunitários incidentes sobre esta matéria (ex: Directiva/CE sobre a Protecção Jurídica de Invenções Biotecnológicas, Declaração Universal sobre o Genoma Humano e dos Direitos Humanos elaborada pelo Comitê Internacional de Bioética da UNESCO, Resolução Parlamentar do Conselho da Europa de 1982).
>
> A densificação legal deverá ter em conta os dados da ciência quanto às utilizações das engenharias e manipulações genéticas (eugênicas e teratológicas), mas não poderá deixar de partir de

---

[128] OTERO, Paulo. *Personalidade e identidade pessoal e genética do ser humano*: um perfil constitucional da bioética. Coimbra: Almedina, 1999. p. 90-94.

[129] OTERO, Paulo. *Personalidade e identidade pessoal e genética do ser humano*: um perfil constitucional da bioética. Coimbra: Almedina, 1999. p. 95.

uma raiz constitucionalmente incontornável: a existência de uma "constituição genética individual" ou do *genoma de cada ser humano*, sem que isso traduza qualquer adesão ideológica, religiosa ou mundividencial a um qualquer "essencialismo genético" regulador da própria variabilidade ou diversidade genética. A garantia da identidade genética implica a *proibição da reprodução artificial* da mesma constituição genética ou do mesmo genoma humano. Esta proibição abrange, desde logo e em primeiro lugar, a *clonagem reprodutiva*, porque ela implica ou pode implicar a *duplicação* do indivíduo clonado, pondo em causa o seu patrimônio e identidade genéticos. A proibição jurídico-constitucional terá sustentação no princípio fundante da dignidade da pessoa humana e nos direitos à identidade pessoal e ao desenvolvimento da personalidade e do próprio indivíduo clonado. A duplicação ou clonagem pressuporia sempre *o consentimento*, o que afasta as hipóteses de clonagem de mortos ou de seres vivos incapazes de consentimento. Relativamente à clonagem de objectos com corporeidade, o consentimento implicaria sempre a lesão irreversível e global do núcleo essencial da identidade genética. É questionável se estes argumentos podem indicar-se quanto ao próprio clone, mas seguramente que se trata de um bem vida e como tal deve ser protegido, pelo menos em termos objectivos. Em segundo lugar, a proibição abrange a *criação, desenvolvimento e utilização de tecnologias* tendentes à reprodução de "outros seres", como *seres híbridos* ou quimeras, isto é, seres vivos desprovidos de uma completa identidade humana, mas com "marcas" dos humanos (ex: proibição de criaturas entre o homem ou mulher e outros animais, através de embriões portadores de informações genéticas directamente resultantes da fecundação do óvulo humano com espermatozóides de um animal ou a fecundação de um óvulo animal com espermatozóides humanos). Em terceiro lugar, a garantia da dignidade e identidade genética do ser humano aponta para a proibição de *práticas de manipulação genética* tendentes à criação de seres humanos sem sexo ou hemafroditas, dotados de sexo feminino e de sexo masculino.

A garantia da dignidade pessoal e a garantia da identidade genética do ser humano não são inconstitucionalmente postas em causa pelas práticas de fertilização artificial e de *reprogenética*, entendendo-se que os chamados **direitos reprodutivos** podem alicerçar-se em procedimentos biomédicos de fertilização extracorporal (fertilização *in vitro*. IVF) e transferências de embriões. Sempre restarão problemas relacionados com a utilização (e admissibilidade) de embriões excendentários; sobretudo, para a investigação científica e fins terapêuticos. Fica em aberto a cuidadosa e complexa tarefa de ponderação entre "biobens" e outros bens ou direitos constitucionalmente garantidos.[130]

No Brasil, o doador teria o direito ao segredo e ao anonimato. A Resolução nº 1.358, de 11.11.1992, do Conselho Federal de Medicina no item IV – Doação de Gametas ou pré-embriões estabelece no número 3 que "obrigatoriamente será mantido o sigilo sobre a identidade dos doadores de gametas e pré-embriões". O casal também tem o direito ao segredo e ao anonimato. A citada Resolução do Conselho Federal de Medicina lhe assegura o sigilo. A exigência do segredo e anonimato recomenda a tomada de cuidados com o propósito de evitar que a identidade do doador ou dos receptores seja revelada.

A Resolução nº 1.358, de 11.11.1992, permite em situações especiais o acesso às informações sobre doadores; por motivos de ordem médica, podem ser fornecidas exclusivamente para médicos, resguardando-se a identidade civil do doador. O levantamento do sigilo sobre os doadores justifica-se nos casos em que o tratamento de doenças do nascido pela técnica de reprodução assistida dependa do conhecimento de informações sobre o doador.

Guilherme Calmon Nogueira da Gama distingue entre o sigilo do procedimento médico da reprodução assistida heteróloga; o anonimato do doador; o anonimato do casal e o anonimato da criança a nascer. Para o citado autor, o anonimato das pessoas envolvidas, inclusive o doador, deve ceder em relação ao concebido pela técnica de inseminação artificial heteróloga, diante do reconhecimento no direito brasileiro, dos direitos fundamentais à identidade, à privacidade, à intimidade, podendo a pessoa ter acesso às informações sobre toda sua história sob o prisma biológico para o resguardo da sua existência e proteção contra possíveis doenças hereditárias, sem que isso propicie qualquer tipo de parentesco entre doador e pessoa concebida por reprodução assistida heteróloga.[131] Para ele, o anonimato permite a total integração do recém-nascido à família que o acolheu por força da procriação assistida heteróloga,

---
[130] CANOTILHO, J. J. Gomes; MOREIRA, Vital. *Constituição da República Portuguesa anotada*. 4. ed. portuguesa, rev. 1. ed. brasileira. São Paulo: Revista dos Tribunais, 2007. v. 1, p. 473-474. Artigos 1º a 107.
[131] *A nova filiação*: o biodireito e as relações parentais. Rio de Janeiro; São Paulo: Renovar, 2003. p. 803-806.

impedindo a interferência de terceiros — como o doador — na formação e no desenvolvimento da criança, e o tratamento discriminatório, excludente e odioso das pessoas em geral e dos familiares dos pais em especial, relativamente à criança.[132]

Diante da falta de norma específica disciplinando esse conflito, oportuno verificar a orientação jurisprudencial relacionada a caso análogo, isto é, a possibilidade do adotado investigar sua paternidade biológica. Marcio Antonio Boscaro na obra Direito de Filiação, ao tratar do assunto, informa-nos que os tribunais, de forma majoritária, têm recusado a possibilidade de investigação da paternidade biológica de criança adotada, *verbis*:

> No que tange ao questionamento da possibilidade de investigação da paternidade biológica de criança adotada, têm respondido majoritariamente de forma negativa a essa indagação os Tribunais pátrios; como exemplo, pode ser citado o v. acórdão inserto na RT 745/361, oriundo do E. Tribunal de Justiça de Santa Catarina, cuja ementa é a seguinte: "Investigação de paternidade". Adoção. Pretensão de ver investigada a paternidade biológica da menor adotada. Impossibilidade em face da desvinculação com a antiga família — Formalizada a adoção, esta gera uma série de efeitos pessoais para o adotado, cessados quaisquer vínculos com a antiga família, vínculos esses que passam a ser estabelecidos com a nova família. A situação equivale, em termos gerais, ao renascimento do adotado no seio de uma outra família, apagado todo o seu passado. Nessa conjuntura, adotada a menor investigante reveste-se de impossibilidade jurídica a sua pretensão à investigação de sua paternidade biológica, pois que esta, para todo e qualquer efeito jurídico, resultou também apagada.
>
> Posição diversa foi adotada pelo E. Tribunal de Justiça gaúcho, o qual admitiu que uma filha adotiva investigasse a realidade de sua paternidade biológica. Transcreve-se sua ementa: "Filha adotiva. Investigação de paternidade. Possibilidade – Os deveres erigidos em garantia constitucional à criança e ao adolescente na Carta de 1988, em seu art. 227, se sobrepõem às regras formais de qualquer natureza e não podem ser relegados a um plano secundário, apenas por amor à suposta intangibilidade do instituto da adoção. Opor à justa pretensão da menor adotada de ver reconhecida a paternidade biológica os embaraços expostos na sentença é o mesmo

---

[132] *A nova filiação*: o biodireito e as relações parentais. Rio de Janeiro; São Paulo: Renovar, 2003. p. 805.

que entender que alguém, registrado em nome de um casal, seja impedido de investigar a sua verdadeira paternidade, porque a filiação é tanto ou mais irrevogável do que a adoção. No entanto, a todo momento, deparamos com pessoas registradas em nome de terceiros, que obtêm o reconhecimento da verdadeira paternidade e têm, por conseqüência, anulado o registro anterior. Sentença cassada, para que outra seja proferida enfrentando o mérito da causa" (RJTJRS 176/766). Insta ressaltar, contudo, que ela fora adotada na modalidade de adoção simples, pelas regras então vigentes no Código de Menores de 1979, quando não se sabia quem era seu pai biológico e contra o qual, agora, pleiteia o reconhecimento da paternidade e prestação de alimentos.[133]

O nascido por inseminação artificial heteróloga tem o direito ao conhecimento de sua identidade genética, para salvaguardar sua existência de doenças graves ou degenerativas. Nenhuma lei pode suprimir-lhe o direito de conhecer sua origem genética. No entanto, a possibilidade de pleitear o reconhecimento da paternidade biológica ainda é controversa e encontraria óbices, pois o doador do material genético não pretendeu com aquele ato estabelecer vínculos de filiação, o que de certa forma, para alguns, autorizaria a lei a interditar certas pretensões, como a de constituir vínculo de filiação, o de perceber alimentos ou participar da sucessão hereditária.

Tais problemas, no entanto, apenas reforçam a ideia de que no plano dos valores, melhor seria proibir qualquer tipo de inseminação artificial heteróloga.

---

[133] *Direito de filiação*. São Paulo: Revista dos Tribunais, 2002. p. 136.

CAPÍTULO 4

PRINCIPAIS EFEITOS JURÍDICOS DA INSEMINAÇÃO ARTIFICIAL HETERÓLOGA

Sumário: 4.1 Determinação jurídica da paternidade na inseminação artificial heteróloga – **4.2** Possibilidade jurídica do arrependimento e a doutrina dos atos próprios

4.1 Determinação jurídica da paternidade na inseminação artificial heteróloga

A paternidade expressa um dos lados do vínculo jurídico e social que se estabelece entre pai e filho. Paternidade e filiação são verso e reverso do mesmo fenômeno. A definição de filiação converge para a relação que une uma pessoa àquelas que a geraram, de modo que não se pode dissociar o estudo da filiação dos institutos correlatos da paternidade e maternidade.[134]

Das relações entre parentes, a que se estabelece entre pais e filhos é a mais importante.[135]

A maternidade sempre foi recoberta do valor certeza. *Mater semper certus est* em razão do fato de a criança nascer, isto é, separar-se do ventre materno.[136] A paternidade, até bem pouco tempo

---

[134] BOSCARO, Marcio Antonio. *Direito de filiação*. São Paulo: Revista dos Tribunais, 2002. p. 15.
GONÇALVES, Carlos Roberto. *Direito civil brasileiro*. São Paulo: Saraiva, 2005. v. 6, p. 272. Direito de família. "Define a filiação como a relação de parentesco consangüíneo, em primeiro grau e em linha reta, que liga uma pessoa àquelas que a geraram, ou a receberam como se a tivessem gerado".
[135] PEREIRA, Caio Mário da Silva. *Instituições de direito civil*. 14. ed. Rio de Janeiro: Forense, 2004. v. 5, p. 314. Direito de família.
[136] PEREIRA, Caio Mário da Silva. *Instituições de direito civil*. 20. ed. Rio de Janeiro: Forense, 2004. v. 1, p. 219. Introdução ao direito civil. Teoria geral de direito civil: "ocorre o nascimento quando o feto é separado do ventre materno, seja naturalmente, seja com auxílio de recursos obstétricos. Não há cogitar do tempo de gestação ou indagar se o nascimento ocorreu a termo ou foi antecipado. É necessário e suficiente para preencher a condição do nascimento, que se desfaça a unidade biológica, de forma a constituírem mãe e filho dois corpos com economia orgânica própria".

atrás, não; *pater semper incertus est* o que a assentava num jogo de presunções e probabilidades estabelecidas a partir do casamento. De acordo com a lição de Guilherme Calmon Nogueira da Gama:

> A paternidade relacionada ao fato jurídico da procriação, diferentemente da maternidade, não é formalmente estabelecida e não se prova com a mesma facilidade que a maternidade por faltarem sinais identificadores e exteriores que possibilitem, com plena convicção, reconhecer automaticamente a paternidade em relação ao recém-nascido. Enquanto existe normalmente certeza a respeito da maternidade, a paternidade é sempre incerta diante da contribuição do homem normalmente se dar longe do testemunho dos outros, e da própria possibilidade da mulher ter mantido relações sexuais com mais de um homem na época da concepção. Tais ponderações refletem a dificuldade que hoje se verifica a respeito do estabelecimento da paternidade na maior parte dos sistemas jurídicos do Ocidente, notadamente dos sistemas de tradição romano-germânica.[137]

A partir do matrimônio foi construído um sistema de presunções de probabilidades e verossimilhanças para possibilitar o imediato estabelecimento da paternidade na pessoa do marido da parturiente, em princípio para fins de proteção do patrimônio adquirido por aquela família, impedindo ameaça à paz familiar caso a criança pudesse ser reconhecida como filho de outro homem.[138] Essa presunção favorece o filho porque ele pode ter sua paternidade reconhecida automaticamente com o estabelecimento da maternidade pelo parto de sua mãe e, assim, não depende do reconhecimento voluntário ou forçado da paternidade.[139] O casamento fundamenta a indivisibilidade da paternidade e da maternidade nas pessoas do marido e da esposa, desde que o filho tenha sido concebido e nascido da mulher casada no período de convivência do casal. Essa presunção de paternidade fundamenta-se nos deveres de coabitação e fidelidade recíproca do casal.[140]

---

[137] GAMA, Guilherme Calmon Nogueira da. *A nova filiação*: o biodireito e as relações parentais. Rio de Janeiro; São Paulo: Renovar, 2003. p. 488.
[138] GAMA, Guilherme Calmon Nogueira da. *A nova filiação*: o biodireito e as relações parentais. Rio de Janeiro; São Paulo: Renovar, 2003. p. 488.
[139] GAMA, Guilherme Calmon Nogueira da. *A nova filiação*: o biodireito e as relações parentais. Rio de Janeiro; São Paulo: Renovar, 2003. p. 488.
[140] GAMA, Guilherme Calmon Nogueira da. *A nova filiação*: o biodireito e as relações parentais. Rio de Janeiro; São Paulo: Renovar, 2003. p. 489.

De acordo com a lição de Luiz Roberto de Assumpção, o sistema pátrio codificado pelo legislador do século de novecentos elegeu o casamento como fonte exclusiva de legitimidade dos filhos, e a partir da distinção, já referida, entre filiação legítima e ilegítima, se oriunda da consanguinidade, estruturou um sistema de privilégios legais em favor dos filhos legítimos, que só veio a ser definitivamente eliminado com a Constituição Federal de 1988 que fundou o instituto da família nos valores do afeto, do amor, da dignidade, da igualdade e, com isso, garantiu aos filhos os mesmos direitos e qualificações, proibidas designações discriminatórias relativas à filiação, o que, no entanto, não impediu a manutenção do regime de presunções fundada no casamento, *verbis*:

> É relevante observar que desigualdade não se confunde com diferença. Pondera Luiz Edson Fachin que, "uma vez mantido o casamento como fonte (embora não mais exclusiva) da família, permanece o sistema de estabelecimento de paternidade com a incidência da presunção *pater is est*, que passa a informar tão-somente o estabelecimento da paternidade, o que equivale a dizer que essa presunção tem alcance reduzido. Portanto, desapareceu a designação discriminatória, mas permanece a distinção. Há um resíduo diferenciador sem que implique uma ofensa ao princípio da igualdade, porque distinguir não significa discriminar".[141]

O legislador no novo Código Civil estabeleceu mais três hipóteses de presunção de filhos concebidos na constância do casamento vinculados à reprodução assistida. Entre elas, a decorrente de inseminação artificial heteróloga, desde que tenha ocorrido prévia autorização do marido (CC, art. 1.597, V). Essa paternidade presumida não tem componente genético, isto é, não está fundada nem no dever de coabitação, nem no dever de fidelidade recíproca do casal, pois o marido ou companheiro anuiu na inseminação artificial da mulher com material genético de outrem. A paternidade deixa de ser medida pelo vínculo consanguíneo entre o nascido e os que lhe propiciaram a concepção e passa a assentar na declaração de vontade do marido, ao qual o Código Civil atribuiu efeitos jurídicos. Assim, a presunção de paternidade que se estabelece radica-se na manifestação de vontade do marido que consentiu na inseminação, dita procriacional. De acordo com Sílvio de Salvo Venosa, "se a inseminação deu-se com seu consentimento há que se entender que

---

[141] *Aspectos da paternidade no novo Código Civil*. São Paulo: Saraiva, 2004. p. 38.

não poderá impugnar a paternidade e que a assumiu. Nesse sentido se coloca o inciso V do art. 1.597 do atual código".[142]

Essa também é a lição de Arnaldo Rizzardo:

> a paternidade ou maternidade passou a fundar-se em nova explicação: o ato preciso da vontade. Na fecundação artificial, não há cópula. Este ato biológico é substituído pela vontade precisa de que o próprio esperma e o óvulo sejam usados para a fecundação de uma determinada mulher, ou para se ter um filho dela.
>
> O vínculo da legitimidade ao filho repousa no consentimento expresso dos cônjuges. É o que se denomina de 'vontade procracional', ou a prevalência do vínculo de paternidade ou maternidade repousa em razões de ordem espiritual. Predomina a vontade das partes, como fator determinante da declaração de legitimidade do filho. O prestígio da vontade das partes arvora-se no fator decisivo que une a filiação aos pais, impedindo que, futuramente, os pais biológicos se armem de alguma possibilidade de sucesso para reclamar o ser humano gerado.[143]

Para Maria Helena Diniz, a presunção do art. 1.597, V, do Código Civil visa impedir o marido de desconhecer a paternidade do filho voluntariamente assumido. A paternidade terá fundamento moral.[144]

A paternidade na inseminação artificial heteróloga decorre de um ato de vontade e equipara-se a uma paternidade adquirida, como a que decorre da adoção. A diferença entre uma e outra está em que no processo de procriação assistida, a criança concebida não chega a ter uma paternidade anterior que precisa ser desconstituída, como ocorre na adoção, cujo efeito atributivo da situação de filho desliga-a de qualquer vínculo com os pais e parentes consanguíneos, salvo quanto aos impedimentos para o casamento (CC, art. 1.626). Desta forma, o fato de o marido haver prestado o consentimento para a realização da fecundação artificial heteróloga torna-o responsável no plano social e afetivo sobre o destino daquele ser e o investe no estado paterno.

As legislações recentes aprovadas acerca da procriação medicamente assistida seguiram esta orientação. Refiro-me, por exemplo,

---

[142] VENOSA, Sílvio de Salvo. *Direito civil*. 6. ed. São Paulo: Atlas, 2006. v. 6, p. 244. Direito de família.
[143] *Direito de família*. 4. ed. Rio de Janeiro: Forense, 2006. p. 514.
[144] *Curso de direito civil brasileiro*. 22. ed. rev. e atual. São Paulo: Saraiva, 2007. v. 5, p. 430. Direito de família.

ao art. 20 da Lei nº 32/06, que trata da procriação medicamente assistida em Portugal, que ao disciplinar a inseminação artificial heteróloga prescreveu no item 1: "se da inseminação vier a resultar o nascimento de um filho é este havido como filho do marido, desde que tenha havido consentimento na inseminação". Por outro lado, o art. 21 do mesmo diploma legal exclui a paternidade do doador de sêmen: "o doador de sêmen não pode ser havido como pai da criança que vier a nascer, não lhe cabendo quaisquer poderes ou deveres com relação a ela". Idêntica solução foi apresentada pela Lei Espanhola 14/06, modificada pela Lei 3/07, de 15 de março no art. 8º, 1: "Nem a mulher progenitora, nem o marido, quando tenham prestado seu consentimento formal, prévio e expresso a determinada fecundação com contribuição do doador ou doadores, poderão impugnar a filiação matrimonial do filho nascido como consequência de tal fecundação".

Esta presunção *juris tantum* existe, no entanto, em relação às pessoas casadas. O novo Código Civil não a estendeu aos conviventes. Poder-se-ia pensar numa aplicação analógica?

De acordo com Heloísa Helena Barboza, na filiação decorrente da inseminação artificial ou fertilização *in vitro*, heteróloga, ainda que autorizada pelo companheiro, não há presunção de paternidade, não sendo o caso, na ausência de disciplina legal sobre a matéria, de atribuir-se força de reconhecimento à autorização exigida para o procedimento médico.[145] Para Maria Helena Diniz, "a união estável por força do art. 1.597 do Código Civil, não gera presunção 'juris tantum' de paternidade, mas serve como meio de prova para o reconhecimento, visto ser um indício de paternidade".[146]

Penso que não há óbice à aplicação analógica da regra prevista no art. 1.597, V, do Código Civil aos casos de união estável, por haver semelhanças fáticas que justificam a identidade de razões. Assim, o convivente que autorizou previamente a inseminação artificial heteróloga da companheira será considerado o pai da criança nascida daquele procedimento. A união estável, conforme pertinente consideração feita por Maria Helena Diniz, foi reconhecida, para fins de proteção especial do Estado, como *entidade familiar* pelo art. 226, §3º, da Constituição Federal (primeira parte), sem equipará-la ao

---

[145] BARBOZA, Heloísa Helena. Direito à procriação e às técnicas de reprodução assistida. *In*: LEITE, Eduardo Oliveira (Coord.). *Grandes temas da atualidade*: bioética e biodireito. Rio de Janeiro: Forense, 2004. p. 165.
[146] *Curso de direito civil brasileiro*. 22. ed. rev. e atual. São Paulo: Saraiva, 2007. v. 5, p. 380. Direito de família.

casamento, e a Constituição Federal, no art. 226, §3º, 2ª parte, não pleiteou a edição de leis que conferissem direitos e impusessem deveres aos conviventes como se a união estável fosse idêntica ao casamento, mas sim a edição de normas que simplificassem ou facilitassem o procedimento para conversão da união estável em matrimônio. Todavia, apesar de citada norma constitucional ser de ordem pública, o que requer interpretação restritiva, a legislação infraconstitucional e a jurisprudência, em lugar de facilitar sua conversão em casamento, passaram a conferir mais direitos aos conviventes além dos deveres de lealdade, respeito, assistência mútua material e imaterial, responsabilidade pela guarda, sustento e educação dos filhos, na proporção dos haveres e rendimentos dos conviventes.[147]

Considerado o fato de a legislação infraconstitucional e a jurisprudência terem conferido mais direitos aos conviventes, parece-nos possível recorrer à aplicação analógica para disciplinar os efeitos do consentimento manifestado numa inseminação artificial heteróloga da companheira pelo companheiro com a atribuição a ele da paternidade da criança, porque presentes os três pressupostos para aplicação analógica:[148] o caso não está previsto em norma jurídica: a lei não estabelece presunções de paternidade em desfavor do convivente; o caso não contemplado tem com o previsto, pelo menos, uma relação de semelhança: o convivente não é o pai biológico da criança, mas autoriza a realização de reprodução artificial heteróloga em sua companheira; o elemento de identidade entre eles é essencial: a vontade procriacional será o fundamento da paternidade.

---

[147] DINIZ, Maria Helena. *Curso de direito civil brasileiro*. 22. ed. rev. e atual. São Paulo: Saraiva, 2007. v. 5, p. 377-379. Direito de família.
[148] DINIZ, Maria Helena. *As lacunas no direito*. 7. ed. adaptada ao novo Código Civil (Lei n. 10.406, de 10.1.2002). São Paulo: Saraiva, 2002. p. 160. Firmada a ideia de que o fundamento da analogia encontra-se na igualdade jurídica, seria de bom alvitre traçar um breve desenvolvimento sobre seus pressupostos.
Requer a aplicação analógica que:
1. O caso *sub judice* não esteja previsto em norma jurídica. Isto porque direito expresso ou literal disposição legal não abrange analogia, pois esta dilata a aplicação da lei a casos não previstos, que, por identidade de razão, devem submeter-se a ela. A analogia compara, e da semelhança conclui pela aplicação da norma ao caso em tela, sendo, portanto, um processo mental, ao passo que a norma é um imperativo. Se houvesse lei regulando o caso, ter-se-ia interpretação extensiva.
2. O caso não contemplado tenha com o previsto, pelo menos, uma relação de semelhança.
3. O elemento de identidade entre eles não seja qualquer um, mas sim essencial ou de fato que levou o legislador a elaborar o dispositivo que estabelece a situação a qual se quer comparar a não contemplada. Terá de haver uma verdadeira e real semelhança e a mesma razão entre ambas as situações. Meras semelhanças aparentes, afinidades formais ou identidades relativas a pontos secundários não justificam o emprego de argumentação analógica.
Presentes estes três requisitos permitida está a analogia.

Desta forma, o companheiro que autorizar a inseminação artificial heteróloga em sua companheira, com sêmen de doador, será, para efeitos legais, o pai da criança que nascer.

A Lei Portuguesa 32/06, que trata da procriação medicamente assistida, disciplinou a inseminação com sêmen de doador na união estável e no art. 19º e no art. 20º atribuiu-a ao companheiro da mulher inseminada, desde que ele tenha consentido na inseminação:

Art. 19

Inseminação com sêmen de dador

1 – A inseminação com sêmen de um terceiro dador só pode verificar-se quando, em face aos conhecimentos médico-científicos objetivamente disponíveis, não possa obter-se gravidez através de inseminação com sêmen do marido ou daquele que viva em união de fato com a mulher a inseminar.

2 – O sêmen do dador deve ser criopreservado.

Art. 20

1 – Se da inseminação a que se refere o artigo anterior vier a resultar o nascimento de um filho é este havido como filho do marido ou daquele vivendo em união de facto com a mulher inseminada, desde que tenha havido consentimento na inseminação, nos termos do artigo 14º, sem prejuízo da presunção estabelecida no artigo 1826 do Código Civil.

2 – Para efeitos do disposto no número anterior, e no caso de ausência do unido de facto no acto de registo do nascimento, pode ser exibido, nesse mesmo acto, documento comprovativo de que aquele prestou o seu consentimento, nos termos do artigo 14º.

3 – Nos casos referidos no número anterior, no registo de nascimento é também estabelecida a paternidade de quem prestou o consentimento, nos termos do artigo 14º.

4 – Não sendo exibido o documento referido no nº 2, lavra-se registo de nascimento apenas com a maternidade estabelecida, caso em que, com as necessárias adaptações, se aplica o disposto nos artigos 1864º a 1866º do Código Civil, apenas com vista a determinar a existência de consentimento sério, livre e esclarecido prestado por qualquer meio, à inseminação e conseqüente estabelecimento da paternidade de quem prestou o consentimento.

5 – A presunção de paternidade estabelecida nos termos dos nºs 1 e 2 pode ser impugnada pelo marido ou aquele que vivesse em união de facto, se for provado que não houve consentimento, ou que o filho não nasceu da inseminação para que o consentimento foi prestado.

4.2 Possibilidade jurídica do arrependimento e a doutrina dos atos próprios

Como visto, os autores têm se manifestado acerca dos efeitos jurídicos do consentimento dado pelo marido na realização da inseminação artificial heteróloga. O entendimento prevalente, com alguma variação, é a manifestação de vontade gerar o vínculo parental pela socioafetividade. De acordo com Maria Helena Diniz, "a paternidade apesar de não ter componente genético, terá fundamento moral, privilegiando-se a relação socioafetiva".[149] Guilherme Calmon Nogueira da Gama prefere, no entanto, fundar a paternidade no exercício pleno de um ato jurídico de vontade que, uma vez aperfeiçoado, não pode ser revogado. Aduz o citado autor "na realidade, toda a construção jurídica sobre a questão deve ser associada à constatação de que o fato jurídico da relação sexual foi substituído pelo ato jurídico complexo que se inicia pela vontade e se ultima com a concepção através da procriação assistida heteróloga".[150]

Discute-se se o marido pode arrepender-se e impugnar a paternidade presumida pela autorização. O problema se coloca com maior força, inexistindo no Brasil norma que proíba o marido de impugnar a paternidade do filho nos casos de inseminação artificial heteróloga.

Em Portugal, o item 5 do art. 20 da Lei nº 32/06 admite a impugnação da paternidade pelo marido ou convivente apenas se for provado que não houve consentimento, ou que o filho não nasceu da inseminação para a qual o consentimento foi prestado.

Guilherme de Oliveira, numa síntese de sua visão comparatista concluiu que a maioria dos sistemas jurídicos desenvolvidos tende a limitar o direito de impugnação do marido que anuiu na inseminação artificial heteróloga, mas entre eles há diferenças que considera significativa. Os países latinos, de acordo com ele, acentuam o valor da irrenunciabilidade aos direitos indisponíveis e da autonomia individual e não aceitam facilmente que o marido fique vinculado a uma paternidade não biológica que ele recusa, apesar de, assim, agir contra o consentimento que prestara. Os países anglo-saxônicos,

---

[149] DINIZ, Maria Helena. *Curso de direito civil brasileiro*. 22. ed. rev. e atual. São Paulo: Saraiva, 2007. v. 5, p. 430. Direito de família.

[150] GAMA, Guilherme Calmon Nogueira da. *A nova filiação*: o biodireito e as relações parentais. Rio de Janeiro; São Paulo: Renovar, 2003. p. 834.

ou da sua área de influências, concordam na limitação do direito de impugnar o estado filho, com base na ideia de que o marido ao consentir na inseminação artificial heteróloga assume o papel de "pai social", juridicamente relevante e irrevogável. Os direitos germânicos principais, como o direito suíço, chegam aos mesmos resultados com o recurso ao instrumento técnico do "abuso do direito". A doutrina não recorre à "dimensão cultural da paternidade" ou "à paternidade socioafetiva" para fundamentar a opinião dominante, mas ao abuso do direito imputado ao cônjuge anuente, sob a forma de um *venire contra factum proprium*, que de qualquer modo resulta do compromisso familiar e social que ele assumiu.[151]

No Brasil, Heloísa Helena Barboza considera irrevogável a autorização do marido e nega-lhe a possibilidade de contestar a paternidade dos filhos nascidos de sua mulher, mediante ação imprescritível.[152] Maria Helena Diniz considera injurídico, injusto, imoral e torpe o marido desdizer-se e por seu arbítrio desfazer um vínculo significativo para o qual aderiu consciente e voluntariamente, fundamentando tal entendimento na doutrina dos atos próprios decorrente dos princípios da boa-fé e da lealdade do comportamento.[153]

Guilherme Calmon Nogueira da Gama assevera que:

> Toda a construção jurídica sobre a questão deve ser associada à constatação de que o fato jurídico da relação sexual foi substituído pelo ato jurídico complexo que se inicia pela vontade e se ultima com a concepção através da procriação assistida heteróloga. Nesse sentido, se não houver revogação da manifestação da vontade até o momento da concepção e início da gravidez, logicamente que, como também se verifica na relação sexual, não será mais possível retroceder no tempo para desconsiderar a vontade anteriormente exteriorizada. Desse modo, serão desnecessárias todas as construções teóricas anteriormente cogitadas a respeito de buscar a justificação da proibição da impugnação da paternidade pelo marido. Em se constatado que a gravidez e o nascimento da criança decorreram do ato jurídico complexo que teve início na vontade do marido e

---

[151] OLIVEIRA, Guilherme. *Critério jurídico da paternidade*. Coimbra: Almedina, 2003. p. 348-350.
[152] BARBOZA, Heloísa Helena. Direito à procriação e às técnicas de reprodução assistida. *In*: LEITE, Eduardo Oliveira (Coord.). *Grandes temas da atualidade*: bioética e biodireito. Rio de Janeiro: Forense, 2004. p. 156.
[153] DINIZ, Maria Helena. *Curso de direito civil brasileiro*. 22. ed. rev. e atual. São Paulo: Saraiva, 2007. v. 5, p. 431. Direito de família.

se ultimou com o início da gravidez (sem que até então a vontade tivesse sido revogada), nos casos de procriação assistida heteróloga, a paternidade passou a ser certa, ou presumida de forma absoluta, não admitindo prova em sentido contrário pelo próprio pai. Não há que se cogitar, portanto, de abuso de direito ou da atribuição de paternidade social, ou ainda da adesão ao projeto parental que, apesar de serem construções que autorizam a definição da paternidade na pessoa do marido, se mostram insuficientes para explicar todas as hipóteses de estabelecimento da paternidade.[154]

O consenso dado para a inseminação artificial heteróloga pode ser revogado. A revogação para ser eficaz deve ocorrer antes de realizada a técnica que permita a concepção. Ocorrida a concepção, decai o marido ou o companheiro da faculdade de revogar a autorização. A revogação depois da concepção é tardia e ineficaz.[155]

Os fundamentos para impedir a contestação da paternidade não são contraditórios ou excludentes, mas complementares. O não reconhecimento do direito de impugnar a paternidade pode fundamentar-se no vínculo estabelecido pela socioafetividade, na proibição de agir contra ato próprio ou, ainda, na manifestação de vontade.

A socioafetividade,[156] isto é, o vínculo que decorre da relação que tem como fundamento o afeto, é um argumento forte para negar o direito de impugnar a paternidade quando decorrido muito tempo entre a autorização e a propositura da ação negatória, o que indica que o vínculo de filiação constitui-se pelo afeto e convivência; mas é um argumento fraco quando entre a autorização e a propositura da ação negatória não se passou muito tempo, de modo a não permitir a constituição de vínculo pelo afeto e pela convivência, que foi pouca.

O comportar-se contra seus próprios atos (*venire contra factum proprium*) denota uma contradição entre dois comportamentos

---

[154] GAMA, Guilherme Calmon Nogueira da. *A nova filiação*: o biodireito e as relações parentais. Rio de Janeiro; São Paulo: Renovar, 2003. p. 834.
[155] RUBINO, Lima. Rilevanza giuridica degli accordi in tema di fecondazione artificiale. *In*: FERRANDO, Gilda (Org.). *La procreazione artificiale tra etica e diritto*. Padova: Cedam, 1989. p. 213.
[156] Conforme Guilherme Calmon Nogueira da Gama (*A nova filiação*: o biodireito e as relações parentais. Rio de Janeiro; São Paulo: Renovar, 2003. p. 482): a filiação afetiva trata-se do vínculo que decorre da relação socioafetiva constatada entre filho e pais — ou entre o filho e apenas um deles —, tendo como fundamento o afeto, o sentimento existente entre eles: *melhor pai ou mãe nem sempre é aquele que biologicamente ocupa tal lugar, mas a pessoa que exerce tal função, substituindo o vínculo biológico pelo afetivo.*

praticados pela mesma pessoa. Conforme António Manuel da Rocha e Menezes Cordeiro, "a locução *venire contra factum proprium* traduz o exercício de uma posição jurídica em contradição com o comportamento assumido anteriormente pelo exercente".[157] De acordo com a lição de Aldemiro Rezende Dantas

> a expressão *venire contra factum proprium*, que poderia ser vertida para o vernáculo em tradução que se apresentaria em algo do tipo "vir contra seus próprios atos" ou "comportar-se contra seus próprios atos" pode ser apontada, em uma primeira aproximação, como sendo abrangente das hipóteses nas quais uma mesma pessoa, em momentos distintos, adota dois comportamentos, sendo que o segundo deles surpreende o outro sujeito, por ser completamente diferente daquilo que se poderia razoavelmente esperar, em virtude do primeiro.
>
> Em outras palavras, há uma contradição entre os dois comportamentos, pois a partir da análise do primeiro havia surgido a legítima expectativa de que outra seria a conduta a ser adotada por ocasião do segundo. Nas palavras de Beátrice Jaluzot, todo comportamento será contrário a boa-fé se for qualificado como contraditório, o que ocorre quando se mostra contrário a um comportamento anterior da mesma pessoa.[158]

No caso, o comportamento contra seus próprios atos residiria que no primeiro ato o marido consentiu com a inseminação artificial heteróloga, enquanto no segundo ato pretende negar a paternidade da criança nascida. Na verdade, a contradição localiza-se nos efeitos do ato e não propriamente no conteúdo do ato, pois enquanto o efeito imediato do ato de consentir com a inseminação artificial heteróloga é o afastar o caráter ilícito do comportamento da mulher caracterizador de injúria grave e o efeito mediato é tornar-se presumidamente pai daquela criança, caso nasça com vida, o efeito imediato da ação negatória é negar o vínculo de paternidade estabelecido entre as partes. Em outras palavras, consentir com a inseminação não significa necessariamente querer assumir a paternidade, que é atribuída apenas por expressa previsão legal, o que serve para demonstrar não haver, propriamente dito, um agir contra fato próprio.

---

[157] CORDEIRO, António Manuel da Rocha e Menezes. *Da boa fé no direito civil*. Coimbra: Almedina, 2001. p. 743.

[158] DANTAS, Aldemiro Rezende. *A teoria dos atos próprios*. Tese (Doutorado) – Pontifícia Universidade Católica de São Paulo. f. 114.

A mesma crítica pode ser dirigida aos argumentos que fundamentam a presunção de paternidade na manifestação de vontade, porque, como dito, concordar com a inseminação artificial heteróloga não significa anuir com a paternidade, o que só ocorre por força da presunção estabelecida pelo Código Civil. No entanto, previstos na lei os efeitos jurídicos da manifestação de concordância com a inseminação artificial heteróloga, não pode o marido contestar a paternidade porque a lei lhe atribui essa condição, pois, de fato, não há nenhuma dúvida de que ele não é o pai biológico. Em outras palavras, a negatória de paternidade seria ação destinada a impugnar exclusivamente paternidade biológica e no caso da inseminação artificial heteróloga com sêmen doado, não há dúvida de que o marido não é o pai biológico da criança.

Vê-se do exposto que o consentir com a inseminação artificial heteróloga da mulher é um ato jurídico cujos efeitos estão previstos no código civil, entre eles, a presunção de paternidade prevista no art. 1.597, V. Assim, por expressa previsão normativa não poderá o marido que autorizou previamente a inseminação artificial heteróloga da mulher valer-se da permissão prevista no art. 1.601 do Código Civil e contestar a paternidade do filho nascido de sua mulher, porque citada permissão pressupõe como causa de pedir o vínculo não biológico entre o pai e o filho presumido, enquanto na hipótese de inseminação artificial heteróloga o marido sabe que não é o pai biológico do filho nascido de sua mulher.

A presunção que se estabelece em torno do art. 1.597, V, do Código Civil, é, nesta hipótese, diferente das demais, embora não se possa afirmar tratar-se de uma presunção absoluta, porque nos casos em que o consentimento foi obtido com vício ou a inseminação artificial heteróloga foi usada como meio para encobrir o adultério da mulher, a presunção poderá ser infirmada.

A razão de ser desta norma seria a radical separação entre o pai e o procriador, sempre dolorosa na cultura ocidental, mas que exige dos cônjuges um compromisso firme, o que autoriza julgar contrário à boa-fé — e abusivo — a contestação da paternidade por quem aceitara investir-se na função social de pai, conforme precisa lição de Guilherme de Oliveira:

> A tecnologia ocidental encontrou na inseminação artificial heteróloga um processo de resolver o problema da esterilidade do marido sem ofender a tradição de fidelidade judaico-cristã e respeitando a intimidade da família conjugal moderna. Este processo exige, por

um lado, um compromisso firme do *pater*; por outro, a omissão do *genitor*. É nesta separação entre o pai e o procriador, dolorosa na cultura ocidental e exigindo dos cônjuges um compromisso firme, que se encontra o motivo pelo qual se julga contrário à boa-fé — e abusivo — o exercício da impugnação por quem aceitara a investidura do marido na função social de pai.[159]

Guilherme Oliveira enumera algumas situações que justificariam a possibilidade de o marido impugnar a presunção de paternidade gerada pela concordância com a realização da inseminação artificial heteróloga: a) o marido autorizou a inseminação artificial heteróloga que, todavia, foi realizada em condições diferentes daquelas com que o marido contara: a mulher aceitou a inseminação de doador conhecido; b) por erro na escolha do sêmen o filho apresenta caracteres ostensivos radicalmente diferentes do marido, de tal modo que é impossível fazer passar o marido por progenitor; c) a consumação da inseminação artificial heteróloga cria na mulher uma rejeição do marido, fundada em motivos irracionais e prementes, de tal modo que a vinculação daquele ao consentimento prévio seja irrazoável, inútil ou prejudicial para os cônjuges e, sobretudo, para o filho.[160]

---

[159] OLIVEIRA, Guilherme. *Critério jurídico da paternidade*. Coimbra: Almedina, 2003. p. 352.
[160] OLIVEIRA, Guilherme. *Critério jurídico da paternidade*. Coimbra: Almedina, 2003. p. 352-353.

CAPÍTULO 5

Presunção *Juris Tantum* de Filiação e o Problema da Negatória de Paternidade

Sumário: **5.1** A relatividade da presunção do art. 1.597 – **5.2** Legitimidade para contestar filiação socioafetiva – **5.3** Conflito entre a filiação biológica e a socioafetiva – **5.4** Superior interesse do filho como diretriz decisória do conflito entre a filiação biológica e não biológica

5.1 A relatividade da presunção do art. 1.597

O Código Civil, cópia parcial do art. 338 do Código Civil de 1916, estabelece diversas presunções de filiação oriundas do casamento, dificulta ao máximo a impugnação da paternidade ao atribuir legitimidade exclusiva ao marido para propor a ação e considera insuficiente para elidir a presunção o adultério da mulher, ainda que confessado (CC, art. 1.600). Com isso, o legislador situou a filiação no âmbito do casamento considerando-a uma consequência natural deste e promoveu um primeiro afastamento da paternidade do critério biológico, conforme dicção de Luiz Roberto de Assumpção:

> Acima da verdade biológica, o sistema jurídico brasileiro faz prevalecer à jurídica. A paternidade, legalmente esculpida, distancia-se da sua base biológica para atender a interesses da própria família codificada, colocados pelo legislador num plano superior ao do conhecimento da verdade biológica.[161]

---

[161] *Aspectos da paternidade no Novo Código Civil*. São Paulo: Saraiva, 2004. p. 80.

Segundo Luiz Edson Fachin, "esse distanciamento aparece claramente na opção feita pelo legislador. À medida que se limita a contestação da paternidade e que são colocados óbices ao reconhecimento, o conceito jurídico da paternidade se separa do seu sentido biológico".[162]

A presunção do art. 1.597 seria relativa para o pai nas hipóteses dos incisos I e II do Código Civil e absoluta em relação a terceiros. Na hipótese do inciso V a doutrina diverge quanto à classificação da presunção. Alguns consideram-na presunção relativa enquanto outras consideram-na presunção absoluta. Pelas razões acima expostas, considero-a presunção relativa.

5.2 Legitimidade para contestar filiação socioafetiva

O art. 1.601 estabelece competir ao marido o direito de contestar a paternidade dos filhos nascidos de sua mulher. Esta ação é imprescritível.[163]

A ação negatória de paternidade é privativa do marido, o que significa que apenas ele tem legitimidade para propor a ação a qualquer tempo. A causa de pedir desta ação, no entanto, deverá amparar-se em uma das circunstâncias taxativamente enumeradas em lei, mais precisamente os art. 1.599, 1.600, 1.602 e 1.597, V, e que segundo Maria Helena Diniz seriam:

> 1. a ocorrência de adultério, porque estava fisicamente impossibilitado de coabitar com a mulher à época da concepção; 2. não havia a possibilidade de inseminação artificial homóloga, nem de fertilização *in vitro*, porque não doou sêmen para isso, ou que é estéril, ou que faz vasectomia; 3. não havia autorizado a inseminação artificial heteróloga ou a autorização dada se deu por vício de consentimento; 4. estava acometido de doença grave, que impede as relações sexuais, por ter ocasionado impotência *coeundi* absoluta ou que acarretou impotência *generandi* absoluta.[164]

---

[162] FACHIN, Luiz Edson. *Estabelecimento da filiação e paternidade presumida*. Porto Alegre: Sergio Antonio Fabbris, 1992. p. 22.

[163] Maria Helena Diniz (*Curso de direito civil brasileiro*. 22. ed. rev. e atual. São Paulo: Saraiva, 2007. v. 5, p. 435. Direito de família), noticia Projeto de Lei nº 6.613/02, pretendendo alterar o art. 1.601 e submeter à ação negatória de paternidade a prazo decadencial de 4 (quatro) anos a contar do dia em que tomou ciência do nascimento.

[164] *Curso de direito civil brasileiro*. 22. ed. rev. e atual. São Paulo: Saraiva, 2007. v. 5, p. 437. Direito de família.

Das razões acima enumeradas, apenas a falta de autorização ou a autorização viciada podem fundamentar o pedido de desconstituição de paternidade. Sílvio de Salvo Venosa comunga desse entendimento, pois para ele se a inseminação heteróloga deu-se sem o consentimento do marido, este pode impugnar a paternidade. Se a inseminação deu-se com seu consentimento, há que se entender que não poderá impugnar a paternidade e que a assumiu.[165]

A doutrina distingue a ação negatória de paternidade, da ação de impugnação da paternidade. Enquanto a primeira nega a qualidade de filho ao que goza da presunção em razão da concepção na constância do casamento, a segunda objetiva negar a concepção, provar a suposição de parto, como nas hipóteses de simulação de parto e falsidade ideológica do assento de nascimento, de modo que apenas a ação negatória é privativa do marido enquanto a ação de impugnação pode ser proposta por quem apresente legítimo interesse moral ou material na declaração da nulidade.[166]

Desta forma, numa hipótese rara, pode ser que uma criança tenha sido registrada sob o simulacro de inseminação artificial heteróloga autorizada, o que legitimaria a qualquer interessado a impugnar a paternidade decorrente do registro.

5.3 Conflito entre a filiação biológica e a socioafetiva

As técnicas de reprodução assistida, ao menos algumas delas, promoveram a dissolução entre a filiação biológica e a filiação socioafetiva. Luiz Roberto de Assumpção, em obra monográfica, discorre sobre os possíveis sentidos de paternidade, entre eles a biológica, a civil, a institucional e a afetiva:

> A paternidade biológica foi, durante muito tempo, a regra geral. Era o vínculo consangüíneo entre uma pessoa e aqueles que lhe deram a vida que estabelecia o parentesco.
>
> Destaca-se, também, o parentesco civil, caracterizado pela adoção, que é o ato jurídico pelo qual se estabelece um vínculo fictício de filiação, em que alguém, imbuído de caráter humanitário, traz para sua família, na condição de filho, "pessoa que, geralmente, lhe é

---

[165] *Direito civil.* 6. ed. São Paulo: Atlas, 2006. v. 6, p. 244. Direito de família.
[166] GONÇALVES, Carlos Roberto. *Direito civil brasileiro.* São Paulo: Saraiva, 2005. v. 6, p. 287. Direito de família.

estranha". O liame legal de paternidade e filiação que se estabelece é irrevogável, uma vez que o adotado é desligado de qualquer vínculo com os pais de sangue, ressalvados os impedimentos matrimoniais, de acordo com o disposto no artigo 227, §§5º e 6º, constituindo, definitivamente, autênticos laços de parentesco entre o adotado e a família do adotante (CC/2002, art. 1.626).

Cumpre ressaltar que a adoção, muito mais do que estabelecer o parentesco civil, é, sem dúvida nenhuma, a prova mais cabal de que o amor se faz pela convivência, construindo-se pouco a pouco. Os pais adotivos são pais por opção, por excelência, e, expressando amor puro e sincero, formam uma relação familiar voluntária, pelo simples desejo de serem pais.

Em decorrência do desenvolvimento da ciência médica, especialmente no concernente à reprodução humana assistida, conseguiu-se, para gerar um filho, separar a atividade sexual do ato procriativo, estabelecendo a chamada paternidade institucional, ou seja, a relação existente não entre os doadores do material fertilizante, mas entre o casal encomendante e o embrião, resultante da união dos gametas não pertencentes a ele, que pode permanecer conservado em laboratório, por longo tempo, em estado de hibernação.

Por fim, tem a afetividade um papel importantíssimo no processo de transformação pelo qual a relação paterno-filial passou. Com efeito, as pessoas se unem em função do afeto, e se desunem quando este se esvaziar.

A paternidade sociológica assenta-se no afeto cultivado dia a dia, alimentado no cuidado recíproco, no companheirismo, na cooperação, na amizade e na cumplicidade. Nesse ínterim, o afeto está presente nas relações familiares, tanto na relação entre homem e mulher (plano horizontal) como na relação paterno-filial (plano vertical, como, por exemplo, a existente entre padrasto e enteado), todos unidos pelo sentimento, na felicidade e no prazer de estarem juntos.

(...)

Dessa forma, a família sociológica é aquela em que existe a prevalência dos laços afetivos, em que se verifica a solidariedade entre os membros que a compõem. Nessa família, os responsáveis assumem integralmente a educação e a proteção da criança, que, independentemente de algum vínculo jurídico ou biológico entre eles, criam, amam e defendem, fazendo transparecer a todos que são os seus pais.[167]

---

[167] *Aspectos da paternidade no Novo Código Civil*. São Paulo: Saraiva, 2004. p. 51-52.

Para nós, a relação existente entre o marido ou o companheiro que concordou com a inseminação artificial heteróloga da mulher ou companheira com sêmen de outro, denominada acima de paternidade institucional, não deixa de ter, com o passar do tempo, um forte conteúdo afetivo, o que permite classificá-la, também, de paternidade socioafetiva ou afetiva.

Discute-se se o filho, admitido como tal em virtude de uma paternidade socioafetiva, tem o direito de desconstituir a paternidade institucional ou afetiva instituída por força do que dispõe o art. 1.597, V, e demandar o reconhecimento da paternidade biológica.

O reconhecimento judicial do estado de filiação é qualificado como o direito personalíssimo, indisponível e imprescritível pelo estatuto da criança e do adolescente (art. 27 da Lei nº 8.079/90) e pode ser exercido contra os pais ou seus herdeiros, sem qualquer restrição, observado o segredo de justiça.

Em tese, a pessoa nascida de inseminação artificial heteróloga poderia demandar o reconhecimento jurídico da paternidade biológica, como admite Sílvio de Salvo Venosa:

> no entanto, observam Gustavo A. Bossert e Eduardo A Zannoni (1996:471), ao analisar o sistema argentino que também é omisso, tal como nossa legislação anterior, que, se por um lado não pode o pai impugnar a paternidade nessa situação de consentimento de inseminação por terceiro, pode faze-lo o filho, que poderá pretender o reconhecimento jurídico da paternidade biológica.[168]

A situação esbarra no anonimato do doador e na ausência de vontade do doador do material genético em constituir o vínculo de paternidade. A questão é uma das mais tormentosas do ponto de vista ético e jurídico porque de um lado estão os direitos da pessoa em conhecer o pai biológico e do outro a legítima expectativa de o doador do sêmen permanecer no anonimato e não ser reconhecido como pai.

5.4 Superior interesse do filho como diretriz decisória do conflito entre a filiação biológica e não biológica

Até o presente momento, vimos que os autores concordam em estabelecer a paternidade naquele que consentiu com a inseminação

---
[168] *Direito civil*. Direito de família. 6. ed. São Paulo: Atlas, 2006. v. 6, p. 244. Direito de família.

artificial heteróloga e negam-no o direito de contestá-la, mas divergem a respeito de o filho concebido de uma reprodução assistida dessa espécie poder propor ação de investigação de paternidade contra aquele que doou o material genético e que não pretendia assumir com isso vínculo paterno com o concebido.

Guilherme de Oliveira inclina-se pela ordem de argumentos que fundamentam à rejeição do conhecimento da identidade do fornecedor de esperma, sem prejuízo da necessidade de registrar sistemática e rigorosamente a proveniência e características do sêmen, para os fins de ordem social e clínica que têm sido postos em relevo pela doutrina.[169] Para ele, "o fornecedor de esperma age na expectativa legítima de jamais ser reconhecido socialmente como o *pater*, ou mesmo como o simples genitor de um certo indivíduo que acabou por nascer graças à sua participação".[170]

Stela Marcos de Almeida Neves Barbas afirma ser necessário consagrar o direito à paternidade real: todo o ser humano deve ter o direito de saber quem é o seu pai e mãe biológicos. A ninguém pode ser negado o direito de saber a forma como foi gerado ou o direito de se conhecer a si próprio ou a definição integral da sua identidade genética.[171]

Belmiro Pedro Welter defende a ideia de que "é um direito constitucional do filho e dos pais investigar a filiação afetiva, apenas paras os três efeitos: a) por necessidade psicológica; b) para preservar os impedimentos matrimoniais; c) para assegurar a vida e a saúde do filho e de seus pais, em caso de grave doença genética".[172]

Penso que nessa questão deve prevalecer o legítimo interesse do filho a conhecer sua identidade genética, a exemplo da Lei Sueca nº 1.140/84 de 20 de dezembro sobre a inseminação artificial que proíbe o anonimato do doador e admite a investigação da paternidade. De acordo com Stela Marcos de Almeida Neves Barbas,

> O Parlamento Sueco, em nome dos direitos da criança, decidiu suprimir, em Dezembro de 1984, o anonimato dos doadores de esperma. Concedeu às crianças nascidas por procriação artificial o direito de conhecerem os seus progenitores biológicos ao atingirem a idade de 18 anos.

---

[169] *Critério jurídico da paternidade*. Coimbra: Almedina, 2003. p. 501.
[170] *Critério jurídico da paternidade*. Coimbra: Almedina, 2003. p. 500.
[171] *Direito ao patrimônio genético*. Coimbra: Almedina, 1998. p. 173-174.
[172] *Direito ao patrimônio genético*. Coimbra: Almedina, 1998. p. 174.

Deste jeito, nos termos do nº 4 da Lei 1140/1984 de 20 de Dezembro: Toda a criança concebida por inseminação artificial nos termos do artigo 3º quando atingir um grau de maturidade suficiente tem o direito de acesso aos dados relativos ao doador que se encontrem no registro especial do hospital. Incumbe ao Comitê da Previdência Social ajudar a criança a obter as informações desejadas.[173]

Desta forma, o anonimato não pode impedir o concebido por inseminação artificial de conhecer a identidade dos progenitores. O doador de material genético deve ter a consciência da importância do seu ato e, por mais que não queira assumir compromissos, deve estar ciente de que quem doa material genético, doa material capaz de gerar vida, o que por si acarreta imensa responsabilidade.

Por outro lado, o nascido dessa técnica não pode ser alijado do direito de conhecer seus genitores biológicos, pois não há como negar que ele é o herdeiro de uma carga genética dos seus pais. Na exata lição de Stela Marcos de Almeida Neves Barbas,

> O ser humano é herdeiro de uma carga genética dos seus pais, mas, também de um patrimônio cultural: fala a sua língua, recebe o seu nome, aprende os seus modos e hábitos e, ainda, de um patrimônio social: fica inserido num conjunto de relações sociais que não precisou escolher. Dissociar a estrutura do parentesco equivale a romper com o espaço fundamental que a família representa para o desenvolvimento do ser humano. Recorrer a uma inseminação artificial heteróloga ou a uma fecundação *in vitro* heteróloga conduz, necessariamente, a uma lógica global de dissociação do humano.
>
> A criança "produzida" pela procriação assistida com esperma de dador arrisca-se a sentir-se filha de um homem de quem não é biologicamente filha e simultaneamente a sê-lo na realidade de quem não se sente filha.
>
> A pessoa humana passará a ser cada vez menos familiar e cada vez mais socializada.
>
> A criança, terceiro ser produzido por outro dois, é a imprescindível evidência da diversidade biológica e social do casamento. O homem recusa o incesto e procura precisamente o casamento fora do grupo para garantir essa diversidade, ou se preferível, uma complementaridade imprescindível para aumentar o seu campo biológico e social.[174]

---

[173] *Direito ao patrimônio genético*. Coimbra: Almedina, 1998. p. 169.
[174] *Direito ao patrimônio genético*. Coimbra: Almedina, 1998. p. 166.

Creio aplicar-se ao conflito o *princípio geral de verdade biológica* que impede a lei ordinária de afastar-se do critério da verdade biológica. Assim: a) as regras de filiação devem basear-se essencialmente em critérios biológicos. A conjugação entre o direito à identidade pessoal e a garantia de identidade genética dos seres humanos determina a formação de dois novos direitos fundamentais: i) o direito de cada novo ser conhecer e estabelecer a sua ascendência biológica direta; ii) o direito de cada progenitor a conhecer e estabelecer a sua descendência biológica direta; b) impor a omissão, destruir a possibilidade de reconstituir ou negar a ligação biológica entre dois seres, falseando ou escondendo a verdade biológica, sempre será um meio de lesar a identidade genética do ser humano. Considero inconstitucional por violação ao princípio de identidade genética: i) a regra que estabelece o anonimato do doador; ii) a regra que admite a mistura de sêmen de diferentes doadores;[175] iii) a regra que proíbe a investigação da paternidade biológica.

Desta forma, entendo que o ser que nasceu com o recurso da técnica de reprodução assistida heteróloga com a doação de sêmen de terceiro tem o direito de negar a paternidade presumida do marido ou companheiro da sua mãe e o direito de investigar a paternidade do doador que forneceu o sêmen, seu pai biológico.

---

[175] Maria Helena Diniz (*O estado atual do biodireito*. 3. ed. atual. conforme o novo Código Civil. São Paulo: Saraiva, 2006. p. 565), relata acerca da "possibilidade do emprego do método *Confused Artificial Insemination* (CAI) no qual se mescla o sêmen do marido ao de outro homem. Esse 'coquetel de espermas' é feito por motivo psicológico: quando o marido não tem condições de fecundar o óvulo de sua mulher, usa-se seu material fertilizante para que haja a ilusão de que a criança gerada possa ser do casal. Seria isso ético ou jurídico? Algumas legislações não admitem, acertadamente, mistura de material genético de vários doadores para inseminação artificial". Esse método seria inconstitucional porque dificulta ou impede como visto o direito do ser de conhecer e estabelecer sua ascendência biológica.

Capítulo 6

Inseminação Artificial Heteróloga no Direito Comparado

Sumário: **6.1** Nos Estados Unidos – **6.2** Na Alemanha – **6.3** Na Suécia – **6.4** Na Espanha – **6.5** Em França – **6.6**. Em Portugal

6.1 Nos Estados Unidos

A inseminação artificial heteróloga desenvolveu-se inicialmente nos Estados Unidos, no final do século XIX, com grande impulso a partir de 1930, embora, apenas em 1953, Sherman, um americano, obteve a primeira gravidez com esperma congelado.

A partir de 1964, cerca de trinta Estados americanos adotaram legislação que disciplinou as consequências sobre a filiação da inseminação artificial com doador, limitando o uso da técnica — inseminação artificial heteróloga — às pessoas casadas. A American Medical Association e American Fertility Society recomendam o emprego desses métodos apenas em favor de casais estéreis.

Em muitos estados o consentimento do marido deve ser dado diante de um médico, o que pressupõe a prática do método sob o controle do médico.

A legislação não limita a doação de gametas, embora três Estados tenham proibido portadores de doenças transmissíveis de doarem esperma.

O marido que consentiu na inseminação artificial heteróloga de sua mulher é, para todos os efeitos, o pai legal da criança e não pode em razão de seu consentimento negar a paternidade.[176] Guilherme de Oliveira relata que:

---

[176] Estas informações foram retiradas da obra de Eduardo de Oliveira Leite (*Procriações artificiais e o direito*: aspectos médicos, religiosos, psicológicos, éticos e jurídicos. São Paulo: Revista dos Tribunais, 1995. p. 269-275).

Depois de concluído o debate usual sobre a licitude da inseminação técnica, a jurisprudência dos E.U.A.N. teve de apreciar o valor do consentimento do marido para i.a.d. As primeiras decisões, versando sobre o dever de alimentos e os direitos de visita, não foram unânimes acerca da qualidade de filho legítimo do filho nascido por i.a.d. Ainda assim utilizaram os instrumentos técnicos do implied contract e do equitable estopel e, deste modo, o consentimento do marido valeu contra ele, como assunção implícita do dever de alimentos — ou valeu a favor dele, quando se impediu a mãe de lhe negar os direitos de visita reconhecidos ao pai legítimo.

Em 1968, o Supremo Tribunal da Califórnia decidiu o caso mais conhecido e relevante da jurisprudência norte-americana acerca desta matéria — o caso People v. Sorensen. Tratou-se de julgar matéria crime — algo parecido com o "abandono de família" — o que obrigou o tribunal a considerar rigorosamente se o marido que consentira na i.a.d era o "pai" do filho.

Impossibilitado de utilizar os remédios próprios da matéria cível o Supremo Tribunal tomou a decisão de que a palavra "pai", usada no texto que definia o tipo legal de crime *sub judice*, não se limitava a significar o pai biológico, mas abrangia o pai legal, isto é, o marido que consentira na inseminação heteróloga. E acrescentou que o consentimento era irreversível: "quem consente na produção de um filho não pode criar uma relação temporária que se mantenha ou destrua à vontade". Deste modo a instância superior passava além dos expedientes de natureza cível e, numa sentença fundamental, determinou que o consentimento do marido valera a assunção do estatuto de pai legítimo, para todos os efeitos. Ao dizer isto o tribunal tutelava o interesse do filho; e não esquecia quer o interesse da mãe em partilhar os encargos familiares, quer o interesse da sociedade eventualmente chamada a suprir a debilidade econômica daquela.

Depois, várias decisões mantiveram a idéia fundamental de que o consentimento escrito vinculava o marido.

Na época em que o Supremo Tribunal da Califórnia tomava a decisão histórica, dois estados da União legislaram sobre a matéria no mesmo sentido. Hoje, pelo menos quinze estados consagrados direito escrito à inseminação artificial, determinando que o marido assume a qualidade de pai.[177]

---

[177] OLIVEIRA, Guilherme. *Critério jurídico da paternidade*. Coimbra: Almedina, 2003. p. 345-346.

6.2 Na Alemanha

Na Alemanha, em 1983, uma decisão da justiça estabeleceu que o cônjuge de uma mulher submetida a uma inseminação artificial heteróloga podia contestar a paternidade da criança, mesmo se o marido tivesse dado seu consentimento prévio à inseminação artificial de sua esposa, o que tornou a prática quase confidencial e afastou qualquer possibilidade de garantia de anonimato do doador. Esta decisão foi alterada em 1985, por nova decisão que tornou relativa tal possibilidade admitindo uma renúncia explícita ao direito de contestar do marido. Por outro lado, decisão da Corte Constitucional Federal, datada de 30 de junho de 1989, dispôs que toda criança tem o direito de pesquisar a identidade de seu pai biológico e que nenhum Estado pode se opor a esta procura da verdade, o que impediu qualquer autoridade pública de editar regra com o propósito de preservar o anonimato dos doadores sem incorrer na inconstitucionalidade desta disposição. Assim, os organismos médicos deveriam coletar e guardar as informações necessárias sobre os doadores a fim de que as crianças concebidas pudessem exercer um dia seu direito de pesquisa da "paternidade biológica".

O relatório Benda é o mais importante documento alemão sobre a questão das procriações medicamente assistidas. O citado relatório limitou as procriações artificiais aos casados e a permitiu excepcionalmente aos não casados.

Atualmente a legislação alemã prevê:
1. A inseminação heteróloga é autorizada em condições restritas, como o tratamento de esterilidade ou perturbação duradoura da fecundidade do marido. O direito a recorrer a esse tipo de inseminação é restrito ao casal formalmente casado, excluído o recurso aos companheiros.
2. A inseminação heteróloga só pode ser realizada pelo médico após o consentimento escrito do marido formalizado perante notário.
3. O esperma do doador, utilizado numa inseminação bem-sucedida, não poderá ser utilizado por outros casais.
4. As misturas de esperma e a inseminação a partir de esperma de doadores diferentes, durante um mesmo ciclo, ficam excluídas.
5. É obrigatória a conservação centralizada dos dados dos doadores. A criança tem a possibilidade de conhecer sua origem genética, com base nas informações guardadas nos centros de reprodução.

6. É proibida a remuneração dos doadores de esperma.
7. A realização da inseminação heteróloga é limitada a organismos específicos que se beneficiam de uma autorização específica.
8. A conservação do esperma doado não poderá durar mais de dois anos e é proibido o uso do esperma de um doador falecido.[178]

Stela Marcos de Almeida Neves Barbas a respeito do direito alemão, assim se pronunciou:

> Em 1985 na Alemanha (Federal) os Ministérios da Justiça e da Investigação Científica constituíram uma Comissão Oficial (liderada pelo Presidente do Tribunal Constitucional) que publicou o Benda Report.
>
> A Lei Alemã de 1990 proíbe a dação de ovócitos. Não se refere à dação de espermatozóides, à qual o referido Relatório Benda coloca, porém, as maiores objeções. Como, por outro lado, em 1989 tinha sido declarado inconstitucional qualquer disposição que negue o direito de cada pessoa conhecer a identidade do seu progenitor, não existe anonimato de doadores, tendendo a reprodução heteróloga a diminuir.
>
> O Acto Legislativo de Outubro de 1990 não admite a produção de embriões supranumerários, punindo-se as violações da lei com multa ou mesmo prisão que pode ir até três anos.
>
> Deste jeito, não é possível fecundar ovócitos em número superior ao dos embriões que se podem transferir para a mulher num só ciclo (orientação já constante do ponto G.5 de uma Recomendação do Parlamento Europeu de 16 de Março de 1989 – Recomendação sobre Fertilização Artificial In Vivo e *In vitro*).
>
> Um casal que pretenda recorrer à inseminação artificial tem previamente que sujeitar-se a um parecer de uma comissão cuja função é verificar se aquele reúne os requisitos exigidos, designadamente, saber se pode proporcionar um lar estável à criança.
>
> A Lei Alemã designa de embrião o óvulo humano fecundado e suscetível de desenvolvimento a partir do momento da fusão do núcleo e, ainda, qualquer célula totipotente retirada de um embrião que (se estiverem reunidas as condições necessárias) se possa dividir e

---

[178] Estas informações foram retiradas da obra de Eduardo de Oliveira Leite (*Procriações artificiais e o direito*: aspectos médicos, religiosos, psicológicos, éticos e jurídicos. São Paulo: Revista dos Tribunais, 1995. p. 275-283).

originar uma pessoa. Nas vinte e quatro horas após a fusão do núcleo considera-se a célula humana fecundada como passível de desenvolvimento, excepto se se verificar, mesmo antes de decorrido esse tempo, que a célula humana fecundada já não se pode desenvolver para além do estádio unicelular (parágrafo 8, número 1 e 2).

Com a entrada em vigor em 1 de janeiro de 1991 da EschG proibiu-se, nestes moldes, a fecundação de óvulos para outros fins que não o de possibilitar uma gravidez (parágrafo 1 (1) número 2). Impediu-se, desta forma, não só a produção de embriões para investigação como, também, a pesquisa com embriões supranumerários através da proibição da fecundação de óvulos excedentários e de toda a submissão do embrião a procedimentos que não tenham apenas como objetivo a sua conservação (parágrafo 2).[179]

6.3 Na Suécia

Na Suécia em 1º de março de 1985 entrou em vigor o texto da lei sobre inseminação artificial. O art. 1º define inseminação artificial como a introdução de sêmen em mulher, de modo artificial:

> Art. 1º – Por inseminação artificial entende-se nesta lei a introdução de sêmen em mulher, de modo artificial.

A inseminação artificial heteróloga é reservada aos casais heterossexuais estáveis, conforme prevê o art. 2º:

> Art. 2º – A inseminação deve levar-se a cabo unicamente se a mulher está casada ou convive com um homem em uma relação análoga ao matrimônio. Para a inseminação requer-se o consentimento escrito do marido ou do homem com quem a mulher conviva.

A inseminação é procedimento médico que pode ser realizado apenas em centros hospitalares públicos, sob a supervisão e controle de médicos especialistas, cabendo-lhes realizar a inseminação se houver garantias de que a criança crescerá em ótimas condições de desenvolvimento. Cabe ao médico eleger o adequado doador do sêmen, registrando num livro especial os informes sobre ele, conforme prevê o art. 3º:

---

[179] *Direito ao patrimônio genético*. Coimbra: Almedina, 1998. p. 58-59.

> Art. 3º – A inseminação realizada com o sêmen de um homem diferente daquele com que a mulher está unida em matrimônio ou convive em relação análoga, deverá levar a cabo unicamente em centros hospitalares públicos, sob a supervisão e controle de médicos competentes nas especialidades de ginecologia e obstetrícia. O médico verificará, tomando em consideração as condições médicas, psicológicas e sociais do marido ou do homem com quem a mulher conviva e se é ou não oportuno que a inseminação tenha lugar. A inseminação deverá realizar-se só se existem garantias de que a criança que nasça crescerá em ótimas condições de desenvolvimento. Em caso de não ser aceita a solicitude de inseminação pode o marido ou o homem com quem conviva requerer ao Conselho Superior de Seguridade Social que a reconsidere. Esta decisão não poderá ser objeto de ulterior recusa. O médico elegerá o adequado doador do sêmen. Os informes sobre estes se registrarão num livro especial de memória clínica que se conservará durante um tempo não inferior a setenta anos.

A criança nascida com o recurso à técnica da inseminação artificial terá o direito de acessar os informes do doador, conforme prevê os art. 4º e 5º:

> Art. 4º – A criança que tenha nascido pelo processo de inseminação exposta no artigo 3º desta lei, uma vez alcançada a suficiente maturidade terá direito a ter acesso aos informes registrados num livro arquivado para tal efeito no centro médico correspondente. A Junta do Conselho Superior da Seguridade social estará obrigada a oferecer a ajuda necessária para obtê-lo.

> Art. 5º – Se no caso de abrir-se processo sobre a paternidade da criança for necessário ter acesso aos informes de uma inseminação, é o responsável da inseminação, ou aquele que os tenha à sua disposição, que tem a obrigação de atender a petição do tribunal e entregá-los.

A inseminação não deve ter fins lucrativos. A lei pune aquele que por habitualidade, ou com ânimo de lucro, realiza inseminação artificial contra os preceitos legais, conforme dispõe o art. 7º:

> Art. 7º - Aquele que por habitualidade, ou com ânimo de lucro, realiza uma inseminação em contradição com esta lei, ou que, cumprindo os requisitos necessários, proporcione sêmen não adquirido

por meios indicados, será condenado a pena de multa ou de privação de liberdade máxima de seis meses.[180]

6.4 Na Espanha

Na Espanha, em 22 de novembro de 1988, foi votada a Lei sobre Técnicas de Reprodução Assistida composta de sete capítulos. O capítulo I cuida do âmbito de todas as técnicas de reprodução assistida e elucida ser sua finalidade fundamental facilitar a procriação diante da esterilidade humana, quando descartado o recurso a outras terapias. O capítulo II, citada lei, ao tratar dos princípios gerais condiciona o recurso às técnicas quando houver possibilidades razoáveis de êxito e ausência de riscos graves para a saúde da mulher e da possível descendência. Essas mulheres devem ser maiores de idade, estarem em bom estado de saúde e emitirem consentimento livre e informado em formulário do conteúdo uniforme. A mulher receptora das técnicas pode, a qualquer tempo, suspender o tratamento. Estabelece o sigilo dos prontuários e da identidade dos doadores e das circunstâncias que concorram para a origem dos filhos nascidos. Veda a fecundação de óvulos humanos, com fins distinto da procriação e para o útero são transferidos apenas o número de pré-embriões considerados adequados. O capítulo III cuida dos doadores. O contrato é gratuito, formal e secreto. Admite a revogação da doação por infertilidade superveniente do doador. A doação será anônima e os dados serão inseridos no Registro Nacional de Doadores. Os filhos têm direito por si ou por seus representantes legais a obter informações gerais dos doadores, que não inclua sua identidade. Apenas quando houver comprovado perigo para a vida do filho a identidade dos doadores poderá ser revelada.[181]

Esta lei foi modificada pela Lei nº 45/03, de 21 de novembro e pela Lei nº 14/06, de 26 de maio, sobre técnicas de reprodução humana assistida, por sua vez, também modificada pela Lei nº 3/07, de 15 de março.

As técnicas de reprodução assistida objetivam a atuação médica frente à esterilidade humana para facilitar a procriação e

---

[180] Estas informações foram retiradas da obra de Eduardo de Oliveira Leite (*Procriações artificiais e o direito*: aspectos médicos, religiosos, psicológicos, éticos e jurídicos. São Paulo: Revista dos Tribunais, 1995. p. 286-292).

[181] SANTOS, Maria Celeste Cordeiro Leite dos. *Imaculada concepção*: nascendo *in vitro* e morrendo *in machina*: aspectos históricos e bioéticos da procriação humana assistida no direito penal comparado. São Paulo: Acadêmica, 1993. p. 154.

constituem medidas terapêuticas destinadas a prevenir e tratar enfermidades de origem genética, como prevê o art. 1:

> Artigo 1. Objeto e âmbito de aplicação da lei.
>
> 1. Esta lei tem por objeto:
>
> a) regular a aplicação das técnicas de reprodução humana assistida reconhecida cientificamente e clinicamente indicadas.
>
> b) regular a aplicação das técnicas de reprodução humana assistida na prevenção e tratamento de enfermidades de origem genética, sempre que existam as garantias diagnósticas e terapêuticas suficientes e sejam devidamente autorizadas nos termos previstos nesta lei.
>
> c) a regulação das hipóteses e requisitos de utilização de gametos e pré-embriões humanos crioconservados.

Estas técnicas só podem se realizar quando há possibilidade de êxito e não ponham em risco grave a saúde da mulher e sua possível descendência e em mulheres maiores e em bom estado de saúde psicofísico (art. 2º):

> 1 – As técnicas de reprodução assistida se realizarão somente quando haja possibilidades razoáveis de êxito, não suponham risco grave para a saúde, física ou psíquica, da mulher ou a possível descendência e prévia aceitação livre e consciente de sua aplicação por parte da mulher, que deverá haver sido anterior e devidamente informada de suas possibilidades de êxito, assim como dos riscos e das condições de dita aplicação.

O procedimento de reprodução assistida deve ser acompanhado do fornecimento de ampla informação e assessoramento capazes de esclarecer o solicitante de todas às implicações decorrentes de sua decisão (art. 2º, 3):

> 3 – A informação e o assessoramento sobre estas técnicas, que deverá realizar-se tanto a quem deseja recorrer a elas como a quem, em seu caso, irá atuar como doador, se estenderá aos aspectos biológicos, jurídicos e éticos, e deverá precisar igualmente a informação relativa a condições econômicas do tratamento. Incumbirá a obrigação de que se proporcione dita informação nas condições adequadas que facilitem sua compreensão aos responsáveis das equipes médicas que levem a cabo sua aplicação nos centros e serviços autorizados para sua prática.

A aceitação da realização das técnicas será realizada mediante preenchimento de formulário com conteúdo uniforme que expresse todas as circunstâncias que definam a aplicação delas (art. 2º, 4):

> 4 – A aceitação da realização das técnicas de reprodução assistida por cada mulher receptora delas será refletida num formulário de consentimento informado no qual se fará menção expressa de todas as condições concretas de cada caso em que se leve a caso sua aplicação.

A aceitação é retratável, a qualquer momento, antes de ultimada a transferência embrionária (art. 2º, 5):

> 5 – A mulher receptora destas técnicas poderá pedir que se suspenda sua aplicação em qualquer momento de sua realização anterior a transferência embrionária, devendo atender-se o seu pedido.

Os dados relativos ao procedimento serão transcritos em ficha técnica com o estrito sigilo da identidade dos doadores, da esterilidade dos usuários e das circunstâncias que possam identificar a origem dos filhos nascidos com recurso a esta técnica (art. 2º, 6).

> 6 – Todos os dados relativos à utilização destas técnicas deverão ser recolhidos em históricos clínicos individuais, que deverão ser tratados com as devidas garantias de confidencialidade a respeito da identidade dos doadores, dos dados e condições dos usuários e das circunstâncias que concorram na origem dos filhos assim nascidos.

A doação de gametas e pré-embriões será formalizada mediante a celebração de um contrato gratuito, formal e secreto entre o doador e o centro autorizado (art. 5º, 1).

> 1 – A doação de gametas e pré-embriões para as finalidades autorizadas por esta Lei é um contrato gratuito, formal e confidencial combinado entre o doador e o Centro autorizado.

A doação será revogada se o doador precisar para si os gametas doados (art. 5º, 2):

> 2 – A doação só será revogável quando o doador precisar para si os gametas doados sempre que na data da revogação eles estejam disponíveis, mediante o ressarcimento dos gastos feitos pelo centro receptor.

A doação não terá caráter lucrativo ou comercial, embora gastos possam ser ressarcidos. Os dados identificadores do doador serão custodiados sob o mais estrito sigilo. A lei, no entanto, assegura aos filhos nascidos dessa técnica o direito de obter informações gerais dos doadores que não incluam sua identidade (art. 5º, 3, 4, 5):

> 3 – A doação nunca terá caráter lucrativo ou comercial. A compensação econômica ressarcitória que se possa fixar somente poderá compensar estritamente as moléstias físicas e os gastos de deslocamento e profissionais que possam derivar da doação e não poderá constituir incentivo econômico para esta.
>
> 4 – O contrato se formalizará por escrito entre doador e o centro autorizado. Antes da formalização, o doador terá de ser informado dos fins e conseqüências do ato.
>
> 5 – A doação será anônima e deverá garantir a confidencialidade dos dados de identidade dos doadores pelos bancos de gametos, assim como, em seu caso, pelos registros de doadores e de atividade dos centros que constituam.
>
> Os filhos nascidos têm o direito, por si e por seus representantes legais, a obter informações gerais dos doadores que não inclua sua identidade. Igual direito corresponde às receptadoras dos gametos e dos pré-embriões.

Apenas circunstâncias extraordinárias, que revelem comprovado perigo para a vida do filho, podem autorizar a revelação da identidade do doador (art. 5º, 5):

> Só excepcionalmente, em circunstâncias extraordinárias que comportem um perigo certo para a vida ou saúde do filho, ou quando proceda por ordem das leis judiciais processuais penais, poderá revelar-se a identidade do doador, sempre que dita revelação seja indispensável para evitar o perigo ou para conseguir um fim legal proposto. Dita revelação terá caráter restringido e não implicará, em nenhum caso em publicidade da identidade do doador.

O Centro autorizado a receber em doação os gametas e pré-embriões deve adotar medidas que impeçam que de um mesmo doador nasçam mais de 6 filhos (art. 5º, 7):

> 7 – O número máximo autorizado de filhos nascidos na Espanha que foram gerados com gametos de um mesmo doador não deverá ser superior a seis.

Apenas mulheres maiores de 18 anos podem recorrer a estas técnicas de reprodução assistida. Se casada, necessitará do consentimento consciente e formal do marido (art. 6º, 1, 2 e 3):

> 1 – Toda mulher maior de 18 anos e com plena capacidade de trabalhar poderá ser receptora ou usuária das técnicas reguladas nesta Lei, sempre que haja prestado seu consentimento escrito a sua utilização de maneira livre, consciente e expressa.
>
> A mulher poderá ser usuária ou receptora das técnicas reguladas nesta lei com independência de seu estado civil ou orientação sexual.
>
> 2 – Entre a informação proporcionada a mulher, de maneira prévia ao seu consentimento, para aplicação destas técnicas, se incluirá, em todo o caso, os possíveis riscos, para ela mesma durante o tratamento, a gravidez e para a descendência, que podem derivar da maternidade numa idade clinicamente inadequada.
>
> 3 – Se for mulher casada, precisará também do consentimento do marido, com as características expressas em apartado anteriormente, a menos que estejam separados.

O filho concebido pela técnica de reprodução assistida é equiparável aos filhos oriundos da procriação natural. O registro civil está proibido de incluir informação que possa permitir inferir o caráter da procriação (art. 7º 1 e 2):

> 1 – As filiações dos nascidos com as técnicas de reprodução assistida regular-se-á pelas normas civis vigentes, salvo as especificidades contidas neste capítulo.
>
> 2 – Em nenhum caso, a inscrição no registro civil revelará dados que permitam inferir o caráter da geração.

Marido e mulher após o consentimento e realizada a fecundação estão impedidos de impugnar a filiação matrimonial do filho nascido por consequência do uso desta técnica (art. 8º):

> 1 – Nem a mulher progenitora, nem o marido, quando tenham prestado consentimento formal, prévio e expresso, a determinada fecundação com contribuição de doador ou doadores, poderão impugnar a filiação matrimonial do filho nascido como conseqüência de tal fecundação.

A revelação da identidade do doador não implica em determinação legal da filiação (art. 8, 3):

> 3. A revelação da identidade do doador não implica em nenhum caso determinação legal da filiação.

A lei proíbe a inseminação *post mortem*, salvo autorização escrita do marido ou do homem (art. 9º).[182]

> 1 – Não se poderá determinar a filiação nem reconhecer-se efeito ou relação jurídica alguma entre filho nascido por aplicação dessas técnicas reguladas nesta Lei e o marido falecido, quando o material reprodutor dele não se encontra no útero da mulher na data da morte do varão.

Acerca da lei espanhola nº 35/88, de 22 de novembro, que regulou a procriação artificial, Stela Marcos de Almeida Neves Barbas, esclarece-nos

> É uma lei "eminentemente progressiva e liberal". Consagra o princípio de que a regulamentação jurídica não deve postergar o direito da mulher procriar e fundar o tipo de família que ela própria escolheu em liberdade e responsabilidade.
>
> Vou referir as suas principais disposições:
>
> a) As técnicas de reprodução assistida têm como principal objetivo a ação médica contra esterilidade humana para facilitar a procriação sempre que as outras terapias se revelem inadequadas ou ineficazes.
>
> b) Estes métodos podem, também, ser usados para prevenção e tratamento de doenças de origem genética ou hereditária.
>
> c) Antes de se proceder à reprodução assistida é necessário averiguar se há hipóteses de sucesso e se não existem riscos para a saúde da mulher e da possível descendência.
>
> d) Depois de devidamente informados, os casais que recorram a estes meios têm que dar o seu consentimento formal e solene. A autorização do doador é irrevogável ao passo que a mãe portadora pode pedir a interrupção do processo antes da sua conclusão.

---

[182] Estas informações foram retiradas da obra de Eduardo de Oliveira Leite (*Procriações artificiais e o direito*: aspectos médicos, religiosos, psicológicos, éticos e jurídicos. São Paulo: Revista dos Tribunais, 1995. p. 292-300), bem como da dissertação de mestrado *Reprodução humana assistida*, Romeu Montresor, São Paulo, 2001, apresentada na PUC/SP.

e)No caso da mãe de aluguel ser casada o consentimento do seu marido é determinante para a fixação da paternidade legal. A mãe será a geradora. Na união de fato o homem pode dar o seu consentimento tendo em vista a determinação de paternidade.

f) É considerado nulo todo o contrato segundo o qual se convencione a gestação, com ou sem preço, a cargo de uma mulher que renuncia à maternidade em favor da outra parte ou de um terceiro.

g) Por seu turno, a filiação das crianças nascidas com recurso a mãe portadora é determinada pelo parto.

h) No que concerne a uma possível ação de reclamação de paternidade relativa ao pai biológico aplicam-se as regras gerais.

i) A mulher que viva sozinha pode recorrer a técnicas de reprodução assistida caso padeça de esterilidade irreversível que justifique esse recurso, a expensas da segurança social, nos centros sanitários públicos, com ela concertados ou vinculados. A mulher só, que não seja estéril, pode beneficiar da inseminação artificial com sêmen do doador, mas a expensas suas.

j) É permitida a inseminação *post-mortem*. Todavia, se a mulher não tiver sido inseminada antes da morte do doador a criança que nascer não goza de nenhuma relação jurídica com o de cujos, excepto se existir algum testamento ou ato notarial a admitir essa relação e se a mulher for inseminada num prazo inferior a seis meses a contar da morte do doador.

k) É perfilhado o anonimato do doador. Não existe qualquer ligação legal entre o doador e a criança. Contudo, esta ou a mãe portadora tem o direito de conhecer o estado de saúde, o genótipo e o grupo sanguíneo e étnico do doador. Existe um Registro Nacional a assegurar que o número de doações não seja superior a seis.

l) Os pré-embriões excedentários de uma fecundação *in vitro* podem ser conservados durante cinco anos e a decisão de os manter neste estado deve ser revista todos os seis meses. O casal donde provêm pode dispor deles para uma nova gravidez apenas durante dois anos.

m) É pressuposta a inexistência de vida humana individualizada até ao 14º dia após a fecundação pelo que há necessidade de conferir um estatuto jurídico distinto ao pré-embrião e ao embrião. É autorizada a investigação, manipulação e experimentação em pré-embriões assim como a sua posterior destruição.

n) É proibida a fecundação com finalidades distintas da procriação humana.[183]

---

[183] BARBAS, Stela Marcos de Almeida Neves. *Direito ao patrimônio genético*. Coimbra: Almedina, 1998. p. 54-56.

6.5 Em França

Em França, existem centros especializados em reprodução humana (CECOS – Centros de estudo e conservação de esperma) que seguem diretrizes éticas reafirmadas junto a organismos médicos e a sociedade civil, entre elas a gratuidade da doação; a exigência da prévia paternidade do doador; a noção de doação do casal fértil ao estéril (via aceitação do marido e da mulher ao ato de doar) e o anonimato dos doadores. Esses Centros, implantados nos hospitais universitários e integrados aos serviços hospitalares, são reagrupados por uma Federação nacional que exerce o papel de harmonização, coordenação e representação. De acordo com Maria Celeste Cordeiro Leite dos Santos, "o sistema CECOS caracteriza-se por sua concepção deontológica e ética tanto das técnicas artificiais, como dos doadores. Reconhecem uma vocação puramente terapêutica a esses métodos, excluindo as indicações por pura conveniência dos indivíduos".[184]

Em França a inseminação efetuada com o esperma de terceiro (inseminação heteróloga) pode atender a duas situações diversas. Uma, a esterilidade do casal, caso em que a inseminação é determinada "inseminação remédio". A outra, a conveniência de uma mulher só, ou de homossexuais: a inseminação de conveniência.

A inseminação remédio ocorre quando o marido ou concubino não pode ter filhos com sua mulher ou concubina, ou ainda quando uma doença genética permite presumir que ela irá gerar uma criança anormal. Na ausência de legislação específica, em tese o marido ou o companheiro pode negar a paternidade da criança, ainda que tenha consentido na inseminação.

A inseminação artificial de conveniência é reclamada por uma mulher que não quer pai para seu filho ou por casais homossexuais. Os CECOS recusam realizar a inseminação em casos desta espécie, porque que o objetivo da técnica é o de contornar a esterilidade do casal. Em matéria de procriação assistida, o primeiro princípio é ajudar os casais estéreis. Os especialistas desaconselham encorajar ou auxiliar uma mulher que deseja criar uma família monoparental, pois isso significa incentivar um projeto de filiação no qual a criança não terá pais, se acaso a mãe morrer.[185]

---

[184] *Imaculada concepção*: nascendo *in vitro* e morrendo *in machina*: aspectos históricos e bioéticos da procriação humana assistida no direito penal comparado. São Paulo: Acadêmica, 1993. p. 159.

[185] Estas informações foram retiradas da obra de Eduardo de Oliveira Leite (*Procriações artificiais e o direito*: aspectos médicos, religiosos, psicológicos, éticos e jurídicos. São Paulo: Revista dos Tribunais, 1995. p. 301-326).

6.6 Em Portugal

Portugal publicou a Lei nº 32/06 que tratou da procriação medicamente assistida. Cuida-se de uma lei que regula a utilização de técnicas de procriação medicamente assistida (PMA), entre elas: a fertilização *in vitro*; a injeção intracitoplasmática de espermatozoides; transferência de embriões, gametas ou zigotos; diagnóstico genético pré-implantação; outras técnicas laboratoriais de manipulação gamética ou embrionária equivalentes ou subsidiárias, conforme prevê o art. 2º.

As citadas técnicas devem respeitar a dignidade humana. Foi proibida qualquer discriminação com base no patrimônio genético ou no fato de o ser ter nascido como resultado do uso de uma das técnicas já explicitadas, conforme dispõe o art. 3º:

Art. 3º

Dignidade e não discriminação

As técnicas de procriação medicamente assistida devem respeitar a dignidade humana, sendo proibida a discriminação com base no patrimônio genético ou no fato de se ter nascido em resultado da utilização de técnicas de procriação medicamente assistida.

A lei estabeleceu as técnicas de procriação medicamente assistida como método subsidiário e não alternativo de procriação (art. 4º, I), de modo que elas só poderão ser utilizadas como procedimentos terapêuticos nos casos de infertilidade, doença grave ou risco de transmissão de doenças de origem genética, infecciosa ou outras (art. 4º, 2).

Artigo 4º

Condições de admissibilidade

1 – As técnicas de procriação medicamente assistida são um método subsidiário, e não alternativo, de procriação.

2 – A utilização de técnicas de procriação medicamente assistida só pode verificar-se mediante diagnóstico de infertilidade, ou ainda, sendo caso disso, para tratamento de doença grave ou do risco de transmissão de doenças de origem genética, infecciosa ou outras.

As pessoas autorizadas a ministrar as citadas técnicas são os centros públicos ou privados autorizados pelo Ministro da Saúde (art. 5º, 1).

Artigo 5º
Centros autorizados e pessoas qualificadas

1 – As técnicas de procriação medicamente assistida só podem ser ministradas em centros públicos ou privados expressamente autorizados para o efeito pelo Ministro da Saúde.

Podem beneficiar-se das técnicas de procriação medicamente assistida, as pessoas casadas, e os companheiros, de sexo diferente, que vivam maritalmente há pelo menos dois anos (art. 6º 1 e 2).

Artigo 6º
Beneficiários

1 – Só as pessoas casadas que não se encontrem separadas judicialmente de pessoas e bens ou separadas de facto ou, as que sendo de sexo diferente, vivam em condições análogas às dos cônjuges, há pelo menos dois anos, podem recorrer a técnicas de procriação medicamente assistida.

2 – As técnicas só podem ser utilizadas em benefício de quem tenha, pelo menos, 18 anos de idade e não se encontre interdito ou inabilitado por anomalia psíquica.

Os beneficiários devem consentir perante o médico responsável de modo livre, esclarecido, de forma expressa e por escrito, após terem sido previamente informados, por escrito, de todos os benefícios e riscos conhecidos resultantes da utilização das técnicas de procriação medicamente assistidas, bem como das suas implicações éticas, sociais e jurídicas (art. 14º, 1 e 2).

Artigo 14º
Consentimento

1 – Os beneficiários devem prestar o seu consentimento livre, esclarecido, de forma expressa e por escrito, perante o médico responsável.

2 – Para efeitos do disposto no número anterior, devem os beneficiários ser previamente informados, por escrito, de todos os benefícios e riscos conhecidos resultantes da utilização das técnicas de procriação medicamente assistida, bem como das suas implicações éticas, sociais e jurídicas.

A inseminação com sêmen de terceiro doador só pode ocorrer quando não se possa obter a gravidez através de inseminação com sêmen do marido ou daquele que viva em união de fato com a mulher a inseminar (art. 19º, 1).

Artigo 19º

Inseminação com sêmen de dador

1 – A inseminação com sêmen de um terceiro dador só pode verificar-se quando, face aos conhecimentos médico-científicos objetivamente disponíveis, não possa obter-se a gravidez através de inseminação artificial com sêmen do marido ou daquele que viva em união de fato com a mulher a inseminar.

2 – O sêmen do doador deve ser criopreservado.

O filho nascido da inseminação heteróloga é havido como filho do marido ou do companheiro que consentiu na inseminação (art. 20º, 1), sem que se possa atribuir a paternidade ao doador do sêmen, possibilidade que foi expressamente excluída (art. 21º).

Artigo 20º

Determinação da paternidade

1 – Se da inseminação a que se refere o artigo anterior vier a resultar o nascimento de um filho é este havido como filho do marido ou daquele vivendo em união de facto com a mulher inseminada, desde que tenha havido consentimento na inseminação, nos termos do artigo 14º, sem prejuízo da presunção estabelecida no artigo 1826º do Código Civil.

Artigo 21º

Exclusão da paternidade do dador de sêmen

O dador de sêmen não pode ser havido como pai da criança que vier a nascer, não lhe cabendo quaisquer poderes ou deveres em relação a ela.

Capítulo 7

Sugestões de "lege ferenda"

Sugerimos condicionar o uso da inseminação artificial heteróloga às pessoas casadas ou conviventes, como forma de preservar o direito da criança nascer num lar formado pela dupla de genitores. O concebido terá o direito de nascer no meio de uma família composta da dupla de genitores (pai e mãe).

O doador casado ou convivente deve obter a concordância do outro cônjuge ou convivente, pois a doação de sêmen contra a vontade do outro representa fator de instabilização da sociedade conjugal.

O consentimento dado pelo marido na realização da inseminação artificial heteróloga gera o vínculo parental pela socioafetividade, que o impede de impugnar a paternidade, exceto nos casos em que o consentimento foi obtido com erro, dolo ou coação.

O nascido por inseminação artificial heteróloga tem o direito ao conhecimento de sua identidade genética.

O nascido por inseminação artificial heteróloga tem o direito de saber quem é o seu pai biológico e propor a competente ação de investigação de paternidade.

Apresentamos a título de sugestão *lege ferenda* a minuta de projeto disciplinando a inseminação artificial heteróloga entre nós:

Art. 1º
Dignidade e não discriminação

As técnicas de reprodução artificial assistida devem respeitar a dignidade humana, proibida a discriminação com base no patrimônio genético ou no fato de se ter nascido em resultado da utilização de técnicas de procriação medicamente assistida.

Artigo 2º
Condições de admissibilidade

As técnicas de reprodução artificial assistida são um método subsidiário e não alternativo, de procriação.

A utilização de técnicas de reprodução artificial assistida só pode verificar-se mediante diagnóstico de infertilidade, ou ainda, sendo caso disso, para tratamento de doença grave ou do risco de transmissão de doenças de origem genética, infecciosa ou outras.

Artigo 3º
Inseminação com sêmen de doador

A inseminação com sêmen de um terceiro doador só pode ocorrer quando, face aos conhecimentos médico-científicos objetivamente disponíveis, não possa obter-se a gravidez através de inseminação artificial com sêmen do marido ou daquele que viva em união de fato com a mulher a inseminar.

O sêmen do doador deve ser criopreservado.

Artigo 4º
Centros autorizados e pessoas qualificadas

As técnicas de reprodução artificial assistida só podem ser executadas em centros públicos ou privados, expressamente autorizados pelo Ministério da Saúde.

Artigo 5º
Beneficiários

Só as pessoas casadas que não se encontrem separadas judicialmente ou separadas de fato ou, as de sexo diferente, que vivam em união estável, há pelo menos dois anos, podem recorrer a técnicas de reprodução artificial assistida.

As técnicas só podem ser utilizadas em benefício de quem tenha, pelo menos, 18 anos de idade e não se encontre interdito ou inabilitado por anomalia psíquica.

Artigo 6º
Consentimento

Os beneficiários devem prestar consentimento livre, esclarecido, de forma expressa e por escrito, perante o médico responsável.

Para efeitos do disposto no número anterior, devem os beneficiários ser previamente informados, por escrito, de todos os benefícios e riscos conhecidos resultantes da utilização das técnicas de procriação medicamente assistida, bem como das suas implicações éticas, sociais e jurídicas.

Artigo 7º
Determinação da paternidade

Se da inseminação artificial heteróloga vier a resultar o nascimento de um filho é este havido como filho do marido ou daquele que vive em união estável com a mulher inseminada, desde que tenha havido consentimento na inseminação, nos termos do art. 6º.

Artigo 8º
Direito de impugnar a paternidade

O filho nascido por inseminação artificial heteróloga, após atingir a maioridade, terá o prazo decadencial de 4 (quatro) anos para desconstituir a paternidade, contados da data em que tomou conhecimento de que nasceu por inseminação artificial heteróloga e da data em que tomou conhecimento da identidade do doador de sêmen.

Artigo 9º
Da paternidade do doador de sêmen

O doador de sêmen pode ser havido como pai da criança que vier a nascer, dependendo tal circunstância da propositura da ação de investigação de paternidade, proposta pelo filho nascido por inseminação artificial.

Capítulo 8

Conclusões

O direito à descendência, espécie do direito da personalidade, deve ser compreendido com ressalvas, por não vislumbrar nele a característica de ser absoluto, pois pressupõe o concurso de vontade de outra pessoa, seja para a procriação natural, seja para a procriação artificial.

No entanto, o direito à descendência ou de procriar está sempre limitado pelos direitos da criança por nascer, especialmente por seu direito à dignidade e ao desenvolvimento de sua personalidade no meio de uma família composta da dupla imagem de genitores, paterna e materna. A criança gerada artificialmente deve ter o direito à dupla de genitores e a uma convivência familiar que lhe garanta um desenvolvimento físico e psíquico sadio. O direito a uma família estável é um princípio que deve nortear a inseminação artificial heteróloga e servir de instrumento de tutela do interesse daquele que está para ser concebido.

As técnicas de reprodução assistida heteróloga pressupõem a necessidade da utilização de material fecundante de terceiro estranho ao casal porque um dos cônjuges ou companheiros é estéril ou ambos os cônjuges ou companheiros são estéreis. O direito de recorrer à inseminação artificial não deve ser deferido a mulheres solteiras ou viúvas, nem a homens solteiros ou viúvos. Para ambos, a adoção seria a solução para constituir um vínculo de filiação que não esteja fundado em critérios biológicos.

A reprodução assistida pela inseminação artificial heteróloga, por recorrer ao uso de material genético fornecido por terceiro, para ser realizada, depende do consentimento do marido. Esta exigência encontra-se prevista na parte final do inciso V do art. 1.597 do Código Civil: "desde que tenha prévia autorização do marido". Na verdade, marido e mulher devem estar de acordo quanto ao uso da técnica de inseminação artificial heteróloga.

A autorização do marido deve ser prévia ao processo de reprodução assistida e realizada por escrito. A autorização prévia impede a qualificação do agir da mulher ou da companheira como conduta desonrosa apta a fundamentar um pedido de separação judicial litigiosa ou de ruptura da união estável. Entendemos que a inseminação artificial heteróloga, realizada sem a autorização do marido, constitui infidelidade moral, equivalente à injúria grave ao outro e não adultério, que pressupõe consumação voluntária da cópula carnal propriamente dita.

O consentimento, enquanto exercício de autonomia privada, deve ser livre, isto é, isento de vícios, como o erro, o dolo e a coação. Pode acontecer que o marido ou o companheiro seja induzido a erro pela mulher ou companheira que, para esconder uma gravidez, fruto da quebra do dever de fidelidade, engana-o, induzindo-o a consentir numa inseminação artificial heteróloga. Neste caso, descoberta a verdade o marido ou companheiro está autorizado a contestar a paternidade presumida decorrente da autorização dada.

O não reconhecimento do direito de impugnar a paternidade pode fundamentar-se no vínculo estabelecido pela socioafetividade, na proibição de agir contra ato próprio ou ainda na manifestação de vontade.

Por expressa previsão normativa não poderá o marido que a autorizou valer-se da permissão prevista no art. 1.601 do Código Civil e contestar a paternidade do filho nascido de sua mulher, porque citada permissão pressupõe como causa de pedir o vínculo não biológico entre o pai e o filho presumido, enquanto na hipótese de inseminação artificial heteróloga o marido sabe que não é o pai biológico do filho nascido de sua mulher.

A paternidade na inseminação artificial heteróloga decorre de um ato de vontade e equipara-se a uma paternidade adquirida, como a que decorre da adoção. A diferença entre uma e outra está que a criança, fruto do processo de procriação assistida, não chega a ter uma paternidade que precisa ser desconstituída, como ocorre na adoção, cujos efeitos atributivos da situação de filho desliga-o de qualquer vínculo com os pais e parentes consanguíneos, salvo quanto aos impedimentos para o casamento (CC, art. 1.626).Desta forma, o haver prestado o consentimento para a realização de uma fecundação artificial heteróloga o torna responsável no plano social e afetivo sobre o destino daquele ser e o investe no estado paterno.

Esta presunção *juris tantum* existe, no entanto, em relação às pessoas casadas. Para as pessoas unidas estavelmente não há essa presunção, embora possível e desejável pensar-se na extensão desta regra por aplicação analógica.

O nascido por inseminação artificial heteróloga tem o direito ao conhecimento de sua identidade genética, para salvaguardar a sua existência de doenças graves ou degenerativas. Nenhuma lei pode suprimir-lhe o direito de conhecer sua origem genética. No entanto, a possibilidade de pleitear o reconhecimento da paternidade biológica encontra óbices, pois o doador do material genético não pretendeu com a doação estabelecer vínculos de filiação, o que de certa forma estimula a lei a interditar certas pretensões, como a de constituir vínculo de filiação, o de perceber alimentos ou participar da sucessão hereditária. Esses óbices e essas proibições são, contudo, inconstitucionais se reconhecermos o direito à identidade genética como nova espécie de direito fundamental da qual decorre o direito de cada novo ser de conhecer e estabelecer a sua ascendência biológica direta.

O anonimato não pode impedir o concebido por inseminação artificial de conhecer a identidade dos progenitores. O doador de material genético deve ter a consciência da importância do seu ato e por mais que não queira assumir compromissos, deve saber que quem doa material genético, doa substância capaz de gerar vida, o que por si já acarreta imensa responsabilidade.

Referências

ARAÚJO, Fernando. *A procriação assistida e o problema da santidade da vida.* Coimbra: Almedina, 1999.

ASSUMPÇÃO, Luiz Roberto. *Aspectos da paternidade no Novo Código Civil.* São Paulo: Saraiva, 2004.

BARBAS, Stela Marcos de Almeida Neves. *Direito ao patrimônio genético.* Coimbra: Almedina, 1998.

BARBOZA, Heloísa Helena. Direito à procriação e às técnicas de reprodução assistida. In: LEITE, Eduardo Oliveira (Coord.). *Grandes temas da atualidade*: bioética e biodireito. Rio de Janeiro: Forense, 2004.

BOSCARO, Marcio Antonio. *Direito de filiação.* São Paulo: Revista dos Tribunais, 2002.

BRUSCUGLIA, Luciano. Diritti dei minori e procreazione artificiale. In: FERRANDO, Gilda (Org.). *La procreazione artificiale tra etica e diritto.* Padova: Cedam, 1989.

CAMBRÓN INFANTE, Ascensión (Coord.). *Reproducción asistida*: promesas, normas y realidad. Madrid: Trotta, 2001.

CANOTILHO, J. J. Gomes; MOREIRA, Vital. *Constituição da República Portuguesa anotada.* 4. ed. portuguesa, rev. 1. ed. brasileira São Paulo: Revista dos Tribunais, 2007. v. 1.

CASABONA, Carlos Maria Romeo. *Biotecnologia, direito e bioética*: perspectivas em direito comparado. Belo Horizonte: Del Rey, 2002.

CATÃO, Marconi do Ó. *Biodireito*: transplantes de órgãos humanos e direitos de personalidade. São Paulo: WVC, 2004.

CORDEIRO, António Menezes. *Da boa-fé no direito civil.* Coimbra: Almedina, 2001.

CORDEIRO, António Menezes. *Tratado de direito civil português*: parte geral. Coimbra: Almedina, 2004. t. III. Pessoas.

CORDEIRO, António Menezes. *Tratado de direito civil português*: parte geral. Coimbra: Almedina, 2005. t. IV. Pessoas.

D'AGOSTINO, Francesco. Gli interventi sulla genetica umana nella prospettiva della fisolofia del diritto. In: *Procreazione artificiale e interventi nella genetica umana, tai del Convengo di Verona.* Padova: Milano, 1987.

DANTAS, Aldemiro Rezende. *A teoria dos atos próprios*. Tese (Doutorado) – Pontifícia Universidade Católica de São Paulo, São Paulo.

DE CUPIS, Adriano. *Os direitos da personalidade*. Campinas: Romana Jurídica, 2004.

DIAS, João Álvaro. *Procriação assistida e responsabilidade médica*. Coimbra: Coimbra Ed., 1996.

DINIZ, Maria Helena. *As lacunas no direito*. 7. ed. adaptada ao novo Código Civil (Lei n. 10.406, de 10.1.2002). São Paulo: Saraiva, 2002.

DINIZ, Maria Helena. *Código Civil anotado*. 10. ed. São Paulo: Saraiva, 2004.

DINIZ, Maria Helena. *Curso de direito civil brasileiro*. 22. ed. rev. e atual. São Paulo: Saraiva, 2007. v. 5. Direito de família.

DINIZ, Maria Helena. *Curso de direito civil brasileiro*. 24. ed. São Paulo: Saraiva, 2007. v. 1. Teoria geral do direito civil.

DINIZ, Maria Helena. *O estado atual do biodireito*. 3. ed. atual. conforme o novo Código Civil. São Paulo: Saraiva, 2006.

FABRIZ, Daury César. *Bioética e direitos fundamentais*: a bioconstituição como paradigma do biodireito. Belo Horizonte: Mandamentos, 2003.

FACHIN, Luiz Edson. *Estabelecimento da filiação e paternidade presumida*. Porto Alegre: Sergio Antonio Fabbris, 1992.

FERRANDO, Gilda (Org.). *La procreazione artificiale tra etica e diritto*. Padova: Cedam, 1989.

FERRAZ, Sérgio. *Manipulações biológicas e princípios constitucionais*: uma introdução. Porto Alegre: Sergio Antonio Fabris, 1991.

GAMA, Guilherme Calmon Nogueira da. *A nova filiação*: o biodireito e as relações parentais. Rio de Janeiro; São Paulo: Renovar, 2003.

GARCIA, Maria. *Limites da ciência*: a dignidade da pessoa humana: a ética da responsabilidade. São Paulo: Revista dos Tribunais, 2004.

GLANZ, Semy. *A família mutante*: sociologia e direito comparado. Rio de Janeiro; São Paulo: Renovar, 2005.

GOMES, Orlando. *Direito de família*. 11. ed. rev. e atual por Humberto Theodoro Júnior. Rio de Janeiro: Forense, 1999.

GONÇALVES, Carlos Roberto. *Direito civil brasileiro*. São Paulo: Saraiva, 2003. v. 1. Parte geral.

GONÇALVES, Carlos Roberto. *Direito civil brasileiro*. São Paulo: Saraiva, 2005. v. 6. Direito de família.

GRAMSTRUP, Erik Frederico. *Responsabilidade civil na engenharia genética*. São Paulo: Ed. Federal, 2006.

INSTITUTO GIURIDICO ITALIANO et al. *Procreazione artificiale e interventi nella genetica umana*. Padova: Cedam, 1987.

JUNQUERA DE ESTÉFANI, Rafael. *Reproducción asistida, filosofia ética y filosofia jurídica*. Madrid: Tecnos, 1998.

KHAIAT, Lucette. La procreation medicalement assistée dans l'experience française on ethique, phantasmes et droit. *In*: FERRANDO, Gilda (Org.). *La procreazione artificiale tra etica e diritto*. Padova: Cedam, 1989.

LEITE, Eduardo de Oliveira (Coord.). *Grandes temas da atualidade*: bioética e biodireito: aspectos jurídicos e metajurídicos. Rio de Janeiro: Forense, 2004. v. 3.

LEITE, Eduardo de Oliveira. *Procriações artificiais e o direito*: aspectos médicos, religiosos, psicológicos, éticos e jurídicos. São Paulo: Revista dos Tribunais, 1995.

LEITE, Eduardo Oliveira. Bioética e presunção de paternidade. *In*: LEITE, Eduardo Oliveira (Coord.). *Grandes temas de atualidade, bioética e biodireito*. Rio de Janeiro: Forense, 2004. v. 3.

MARTÍN MATEO, Ramon. *Bioética y derecho*. Barcelona: Ariel, 1987.

NERY, Rosa Maria de Andrade. *Noções preliminares de direito civil*. São Paulo: Revista dos Tribunais, 2002.

OLIVEIRA, Guilherme de. *Critério jurídico da paternidade*. Coimbra: Almedina, 2003.

OTERO, Paulo. *Personalidade e identidade pessoal e genética do ser humano*: um perfil constitucional da bioética. Coimbra: Almedina, 1999.

PEREIRA, Caio Mário da Silva. *Instituições de direito civil*. 14. ed. Rio de Janeiro: Forense, 2004. v. 5. Direito de família.

PEREIRA, Caio Mário da Silva. *Instituições de direito civil*. 20. ed. Rio de Janeiro: Forense, 2004. v. 1. Introdução ao direito civil. Teoria geral de direito civil.

PEREIRA, Lafayette Rodrigues. *Direito de família*. Anotações e adaptações ao Código Civil por José Bonifácio de Andrade e Silva. Rio de Janeiro; São Paulo: Freitas Bastos, 1945. VII, 443 p.

PINTO, Carlos Alberto da Mota. *Teoria geral do direito civil*. 3. ed. Coimbra: Coimbra Ed., 1999.

RAFFUL, Ana Cristina. *A reprodução artificial e seus reflexos nos direitos da personalidade*. Dissertação (Mestrado em direito civil comparado) – Pontifícia Universidade Católica de São Paulo, São Paulo, 1998.

RIZZARDO, Arnaldo. *Direito de família*. 4. ed. Rio de Janeiro: Forense, 2006.

ROCHA, Silvio Luís Ferreira da. *Responsabilidade civil do fornecedor pelo fato do produto no direito brasileiro*. 2. ed. rev. atual. e ampl. São Paulo: Revista dos Tribunais, 2000.

SÁ, Maria de Fátima Freire de (Coord.). *Biodireito*. Belo Horizonte: Del Rey, 2002.

SANTOS, Maria Celeste Cordeiro Leite dos. *Imaculada concepção*: nascendo *in vitro* e morrendo *in machina*: aspectos históricos e bioéticos da procriação humana assistida no direito penal comparado. São Paulo: Acadêmica, 1993.

SCHLÜTER, Wilfried. *Código Civil alemão*: direito de família. Porto Alegre: Sergio Antonio Fabris, 2002.

SOUSA, Rabindranath V. A. Capelo de. *O direito geral de personalidade*. Coimbra: Coimbra Ed., 1995.

VENOSA, Sílvio de Salvo. *Direito civil*. 6. ed. São Paulo: Atlas, 2006. v. 6. Direito de família.

WELTER, Belmiro Pedro. *Igualdade entre as filiações biológica e socioafetiva*. São Paulo: Revista dos Tribunais, 2003.

ZANOLINI, Adriana Alice. *A reprodução artificial heteróloga no direito brasileiro de filiação*. Dissertação (Mestrado em direito civil) – Pontifícia Universidade Católica de São Paulo, São Paulo, 2002.

Esta obra foi composta em fonte Garnet, corpo 10,5
e impressa em papel Offset 75g (miolo) e Supremo 250g (capa)
pela Gráfica e Editora O Lutador.
Belo Horizonte/MG, setembro de 2010.